SARAH JASMIN CARTSBURG

Aktiviere deine Sternenlicht-Codes

GOLDMANN

Buch

Vielleicht hast du auch oft das Gefühl, dass es auf unserer Erde eine wichtige Aufgabe für dich gibt? Und in dir spürst du immer wieder einen Ruf, dich mit etwas Größerem zu verbinden?

Mit diesem Buch erkennst du deine wahre Lebensaufgabe. Du lernst, wie du Dinge manifestierst, die du dir von Herzen wünschst und erfährst, wie du deine Gefühle und Emotionen nutzt, um deine beste Zukunft wahr werden zu lassen.

Mit den Licht-Transmissionen wirst du:

- deine 12-Strang-DNS aktivieren,
- zu einem klaren und stabilen Licht-Kanal werden,
- verstehen, warum die momentane Zeit so außergewöhnlich ist und warum du genau jetzt hierhergekommen bist, und
- Zugang zu exklusiven Audio-Meditationen erhalten.

Die Erde wird dann lichtvoll erstrahlen, wenn wir alle unsere Lebensaufgabe erfüllen. Es ist Zeit, dein volles Potenzial mit der Welt zu teilen und deine Bestimmung zu erkennen. Wir brauchen dich und dein Licht jetzt.

*Autor*in*

Sarah Jasmin Cartsburg ist multidimensionales Medium, Meditations- und Manifestationslehrerin. Sie meditiert bereits seit ihrem 8. Lebensjahr und hat seit einem Nahtodeserlebnis in Thailand intensiven Kontakt zu Lichtwesen aus höheren Dimensionen. Sie ist bekannt durch ihre einzigartigen Meditationen, ihren YouTube-Kanal und ihren iTunes Top 10 Podcast – Die »Sarah Jasmin Cartsburg Show«.

Sarah Jasmin Cartsburg

AKTIVIERE DEINE STERNENLICHT CODES

Geheimwissen der Lichtwesen
zur DNA-Aktivierung,
Bewusstseinserweiterung und für
dein spirituelles Erwachen

BONUS: 7 Meditationen zum Audio-Download

GOLDMANN

Alle Ratschläge in diesem Buch wurden vom Autor / von der Autorin und vom Verlag sorgfältig erwogen und geprüft. Eine Garantie kann dennoch nicht übernommen werden. Eine Haftung des Autors / der Autorin beziehungsweise des Verlags und seiner Beauftragten für Personen-, Sach- und Vermögensschäden ist daher ausgeschlossen.

Diese Publikation präsentiert Meinungen und Vorstellungen der Autorin. Autorin und Verlag erbringen keine medizinischen, gesundheitlichen oder persönlichen bzw. fachlichen Leistungen. Bei Beschwerden und Erkrankungen sollte der/die Leser*in auf jeden Fall einen Arzt konsultieren.

MIX
Papier | Fördert gute Waldnutzung
FSC® C014496

Penguin Random House Verlagsgruppe FSC® N001967

2. Auflage
Vollständige Taschenbuchausgabe August 2024

in der Penguin Random House Verlagsgruppe GmbH,
Neumarkter Str. 28, 81673 München
Umschlag: Uno Werbeagentur, München
Umschlagmotiv: © FinePic®, München
Satz: Satzwerk Huber, Germering
Druck und Bindung: GGP Media GmbH, Pößneck
Printed in Germany
LG · CB
ISBN 978-3-442-22392-3

www.goldmann-verlag.de

Für alle Licht-Seelen –
es ist Zeit, dass wir uns erinnern

INHALT

ÜBER SARAH JASMIN CARTSBURG

Sarah ist multidimensionales Medium, Meditations- und Manifestationslehrerin.

Sie meditiert bereits seit ihrem 8. Lebensjahr und hat seit einem Nahtod-Erlebnis in Thailand intensiven Kontakt zu Lichtwesen aus höheren Dimensionen.

Sie ist bekannt durch ihre einzigartigen Meditationen, ihren YouTube-Kanal und ihren iTunes Top 10 Podcast – Die *Sarah Jasmin Cartsburg Show*.

Mit ihren Online-Kursen, ihren Retreats und ihren gechannelten Meditationen hat sie bereits das Leben von über 100.000 Menschen transformiert.

Wenn sie nicht gerade eine neue Meditation oder ein Buch schreibt, entspannt sie sich am liebsten mit einer Tasse grünem Tee, guter Schokolade und einem spannenden Buch vor ihrem Kamin.

Sie lebt mit ihrem Mann, ihren zwei Kindern und ihrem Kater Merlin in ihrem Traum-Holzhaus am Ammersee bei München.

Sarahs vollständige Biografie, einen ausführlichen Bericht über ihr Nahtod-Erlebnis und viele weitere hilfreiche Tools findest du auf:

www.instagram.com/sarahcartsburg/

www.youtube.com/@SarahJasminCartsburg

VORBEMERKUNG

Dieses Buch ist (bis auf das Vorwort) ein vollständig gechanneltes Werk, das mir durch Lichtwesen aus einer höheren Dimension übermittelt wurde.

Dies bedeutet, dass der Inhalt nicht von mir, Sarah, stammt, sondern ich lediglich die Vermittlerin/Übersetzerin dieser Informationen auf eine menschliche Sprach- und Schrift-Ebene bin.

Für die bessere Lesbarkeit habe ich die männliche und weibliche Form der Ansprache intuitiv abwechselnd verwendet – dies soll in keinem Fall eine Diskriminierung bestimmter Geschlechter darstellen, sondern dient lediglich der besseren Lesbarkeit. Du kannst in deinem Kopf natürlich alles in die Ansprache umwandeln, mit der du dich wohl fühlst.

Zum Teil nutze ich Begriffe, die es so noch nicht als definiertes Wort gibt – dies liegt daran, dass es manchmal sehr schwer ist, bestimmte multidimensionale Konzepte in unserem relativ eingeschränkten Sprachraum zu vermitteln.

So haben die Lichtwesen, die dieses Werk übermittelt haben, sich die Freiheit erlaubt, sich eigener Wortschöpfungen zu bedienen und nicht immer alles in grammatikalisch korrekter Form wiederzugeben.

Manchmal wurden auch englische Begriffe verwendet. Dies liegt daran, dass Worte in verschiedenen Sprachen eine andere Schwingungsfrequenz haben – und in einigen Fällen war die englische Frequenz des Wortes passender als die deutsche.

Wichtiger war es den Lichtwesen, dass durch das Lesen oder Hören dieses Buches bestimmte Lichtfrequenzen und Sternenlicht-Codes in dir re-aktiviert werden.

Die Sprache in diesem Buch klingt manchmal sehr komplex und vielschichtig. Daher empfehlen wir (= Sarah und die Lichtwesen) dir, dieses Buch mehrfach zu lesen und die dazugehörigen Meditationen anzuhören.

Um noch tiefer einzutauchen, ist es hilfreich, zusätzlich zum Lesen das Buch auch als Audiobuch zu hören.

Warum?

Beim Anhören werden zum Teil andere Frequenzen in dir aktiviert als beim Lesen, da dein Unterbewusstsein auf gelesenen Text anders reagiert als auf gehörten.

Wichtig:

Ein essenzieller Bestandteil dieses multidimensionalen Werkes sind die dazugehörigen Meditationen.

Du findest diese Meditationen gratis als Bonus-Paket zu diesem Buch auf sarahcartsburg.de/buch-bonuspaket

Möchtest du mehr über die Hintergründe und die wahre Entstehungsgeschichte dieses Buches erfahren? Hören, was beim Channeln wirklich passiert ist? Dann abonniere einfach meinen Podcast oder YouTube-Kanal und suche dort die Folgen vom April 2024. In diesen Episoden gebe ich dir einen tiefen, superspannenden Einblick hinter die Kulissen dieses Buches Mehr dazu ganz am Ende dieses Buches

www.instagram.com/sarahcartsburg/

www.youtube.com/@SarahJasminCartsburg

VORWORT

Wenn du dieses Vorwort gelesen hast, hältst du mich wahrscheinlich danach entweder für völlig verrückt, oder für einen Menschen, der mit der Gabe beschenkt wurde, Wissen aus anderen Dimensionen zu vermitteln. In welche Kategorie der beiden du mich schieben willst, das überlasse ich dir selbst, nachdem du meine Geschichte gehört hast ☺. Jetzt lade ich dich erst mal ein, mich auf der Reise zur Entstehung dieses Buches zu begleiten.

Wie dieses Buch entstanden ist:
Ende 2021 kamen wunderschöne Lichtwesen zu mir und fragten mich, ob ich bereit sei, ein wichtiges Buch für die Menschheit zu channeln. Da ich seit vielen Jahren als Medium arbeite und engen Kontakt zu Lichtwesen habe, war ich nicht über den Besuch der Lichtwesen an sich überrascht – das gehört für mich mehr oder weniger zum Alltag –, sondern über die Tiefe und Wichtigkeit dieser Aufgabe.

Erst habe ich mich riesig gefreut! Ich wollte schon immer ein Buch schreiben, sodass ich sofort JA gesagt habe, ohne darüber nachzudenken.

Wer würde denn nicht ein wichtiges Buch für die Menschheit channeln wollen?!?

Aber die Lichtwesen hielten mich sachte zurück und sagten: »Sarah, diese Aufgabe ist wirklich zeitintensiv. Überleg dir gut, ob du sie übernehmen willst. Denn wenn du wirklich zusagst, dann brauchen wir dein volles Commitment.«

»Was beinhaltet denn die Aufgabe genau?«, fragte ich nach. Zum Glück habe ich seit so vielen Jahren intensiven Kontakt zu den Lichtwesen, dass ich in der Lage bin, mich mit ihnen zu unterhalten wie mit guten Freundinnen beim Kaffeetrinken, was natürlich von Vorteil ist, wenn man ein Buch wie dieses channelt ☺.

Sie erklärten mir Folgendes: »Um dieses Buch zu channeln, brauchst du noch sechs Monate Zeit, in der wir dich vorbereiten werden auf diesen Prozess. Während du das Buch channelst, musst du sechs Wochen lang offline sein und darfst nicht arbeiten.«

»Ich soll sechs Wochen lang offline sein mit zwei Kindern und einem Online-Unternehmen?«, fragte ich nach, denn bis auf Retreats biete ich all meine Channeling-Dienste, Meditationen, Kurse und Arbeit mit Klienten online an.

»Ja, das ist die Voraussetzung. Du brauchst diesen Space, um das Buch in Klarheit auf die Erde bringen zu können. Überleg dir gut, ob du es machen möchtest – oder nicht.«

Doch um ehrlich zu sein, brauchte ich nicht lange zu überlegen, denn in meinem Herzen spürte ich ein ganz starkes JA. Die Energie dieser Lichtwesen war so präsent und so lichtvoll, dass ich es gar nicht erwarten konnte, mehr Zeit mit ihnen zu verbringen, um dieses Buch zu channeln.

Also sagte ich zu und begann mit den Vorbereitungen. Ich überlegte, was es alles zu beachten gibt, wenn man in der heutigen Zeit sechs Wochen lang auf das Internet verzichten muss. Ein Handy hatte ich zur damaligen Zeit nicht. Das heißt, ich war bis auf ein Festnetz-Telefon ohne Internet quasi unerreichbar – aber warum ich damals seit vielen Jahren handyfrei lebte ist eine Geschichte für ein andermal ☺.

Vieles musste organisiert werden. (Angefangen damit, wer meine E-Mails beantworten soll, was mein Team machen soll in diversen Situationen, wer sich um meine Website kümmert, wie die Schule mich kontaktieren kann, wenn etwas mit den Kindern sein sollte, und so weiter und so fort.)

Uns ist gar nicht bewusst, wie sehr wir heutzutage auf das Internet angewiesen sind. Doch im Zuge dieser Vorbereitung wurde mir sehr klar, wie viel wirklich über das Internet stattfindet und welchen Anteil es an unserem Leben hat.

Ich nahm meine Aufgabe sehr ernst und stürzte mich in die Planung.

Zusätzlich zu den weltlichen Vorbereitungen durchlief ich auch einige innere Prozesse, die mir halfen, meinen Channel-Kanal klarer werden zu lassen, um die Botschaften von den Lichtwesen noch besser verstehen zu können.

Ich erhielt auch ein klares Datum, wann ich mit dem Prozess beginnen sollte. Am 1. Juli 2022 – das war eine klare Ansage. Doch wann immer ich nachfragte, worum es in dem Buch geht, bekam ich die Antwort: »Du musst lernen, uns zu vertrauen. Das verraten wir dir nicht, denn es geht darum, dass du lernst zu vertrauen.«

Ich bin es gewohnt, sehr klare Botschaften von Lichtwesen zu bekommen und so – muss ich zugeben – verwirrte mich diese Aussage. Ich sollte mein gesamtes Leben darauf einstellen, sechs Wochen lang nicht zu arbeiten, um ein Buch zu channeln, von dem ich noch nicht mal weiß, worum es geht?

Mal ganz abgesehen davon, dass das völlig verrückt ist, hatte ich noch nie überhaupt ein Buch gechannelt oder längere Informationen, sondern meistens nur kurze Informationsblöcke oder Meditationen.

Je näher der 1. Juli rückte, desto nervöser wurde ich.

Was, wenn es nicht funktionierte?

Was, wenn ich gar kein Buch channeln kann?

Was, wenn ich hier gerade einer riesigen Illusion erliege, die ich mir selber eingeredet habe?

Was, wenn einfach nichts kommt?

Ich erzählte absichtlich nur wenigen, sehr ausgewählten Menschen von meinem Projekt, ein ganzes Buch zu channeln. Nur Menschen, von denen ich wusste, sie würden mich nicht verurteilen oder auslachen, falls am Ende nichts dabei herauskäme. Doch auch hier stieß ich auf große Verwirrung, da ich auf die Frage »Worum geht's denn in deinem Buch?« wirklich keine Antwort hatte.

Als der 1. Juli kam, war ich wirklich extrem nervös. Heute würde sich entscheiden, ob die letzten sechs Monate der Vorbereitungen alle umsonst gewesen waren, oder ob ich tatsächlich in der Lage war, ein ganzes Buch zu channeln.

Zu channeln bedeutet, mich zum kompletten Kanal zu machen und nicht meine eigenen Weisheiten zu teilen und niederzuschreiben, sondern die von den Lichtwesen, die viel weiser sind als wir Menschen.

Als der 1. Juli kam, fühlte ich nur eine Leere im Kopf und hatte kurz Panik, dass die Vorbereitungen der letzten sechs Monate alle umsonst gewesen sein könnten. Doch dann besann ich mich auf meine langjährige Erfahrung, die mir schon so oft weitergeholfen hat, und machte mein Channel-Kanal-Öffnungs-Ritual.

Das Channel-Ritual, das ich mache, ist ein bestimmter Ablauf von verschiedenen Visualisierungen, um mich in den richtigen Bewusstseinszustand zu bringen. Dieser erweiterte Bewusstseinszustand ist die Basis dafür, um Informationen aus dem Licht zu empfangen, anstatt aus niederen Schwingungsebenen.

Und dann war ich wirklich überrascht.

Sobald ich meinen Channel-Kanal aufgebaut hatte, wurde mir klar, dass dieses Buch ein Werk von sehr, sehr vielen Lichtwesen ist. Nicht nur von einigen wenigen.

Ich fühlte mich unglaublich geehrt, dass ich dieses Wissen auf die Erde bringen und Teil dieses magischen Prozesses sein durfte. Ich channelte das 1. Kapitel vollständig schon am ersten Tag – und ab dann war es ganz einfach. Jedes einzelne Kapitel und jede einzelne Meditation brachte mich selbst auf eine höhere Schwingungsebene – und ab dem Moment, an dem der Kanal einmal geöffnet und der Zeitpunkt gekommen war, um dieses Buch zu channeln, floss das Wissen nur so durch mich hindurch.

Überrascht war ich auch von der Tatsache, dass das Buch viel mehr war als »nur« ein Buch. Zu jedem Kapitel gehört eine Meditation, die hilft, das theoretische Wissen aus dem Buch auch wirklich auf Zellebene zu verankern. **Nur dann, wenn die Botschaften der Lichtwesen tief zu uns durchdringen, kann das Buch seine Wirkung auf allen Ebenen entfalten.**

Jetzt wurde mir auch klarer, wieso die Lichtwesen genau mich ausgewählt hatten. Denn ich meditiere seit meinem achten Lebensjahr, lehre das Meditieren, seit ich Anfang 20 bin, und habe dadurch wirklich viel Erfahrung in diesem Bereich gesammelt.

Selbst als ich während des Buch-Channeling-Prozesses Corona bekam und sehr schlimm krank war, ließ ich mich nicht davon abhalten, das Buch weiter zu channeln. Denn ich hatte verstanden, dass es wichtig war, das Buch innerhalb meiner Offline-Zeit zu vollenden, damit das Wissen und die Weisheit wirklich rein und lichtvoll bleibt – unbeeinflusst von den Verwirrungen des Internets, die ansonsten täglich auf uns einströmen im Alltag.

Der Channel-Prozess war für mich selbst so faszinierend, dass ich ihn dokumentiert habe in meinem Podcast. Du kannst ihn unter folgendem Link kostenlos anhören, wenn auch du eintauchen möchtest in die wahren Hintergründe, was beim Channeln dieses Buches alles tatsächlich passiert ist. Du bekommst darin auch Zusatzinformationen von den Lichtwesen, die aus Platzgründen nicht hier im Buch auftauchen:

https://www.sarahcartsburg.de/podcast

Als ich das letzte Kapitel (pünktlich) fertig geschrieben hatte, wurde mir bewusst, dass ich selbst durch das Channeln dieses Buches einen sehr transformativen Prozess durchlaufen hatte. Und dass dieses »multidimensionale Werk« (die Lichtwesen nennen es so, da es viel mehr ist als »nur« ein traditionelles Buch) einen echten Unterschied machen kann für den Transformationsprozess, den die Menschheit und die Erde gerade durchlaufen. Doch überzeuge dich am besten selbst davon.

EINLEITUNG

Herzlich willkommen zu diesem multidimensionalen Buch, du Licht-Seele!

Es wird eine Reise in dein Unterbewusstsein, eine Reise in die multidimensionalen Facetten deines Selbstes und deiner Seele. Es wird eine magische, abenteuerliche und vielleicht auch turbulente Reise. Wir hoffen, du bist gut angeschnallt, denn jetzt geht es los.

Stell dir vor, du bist Teil eines riesigen, gigantischen, unvorstellbar großen Multiversums, in dem Universum neben Universum, Universen hinter-, über-, durch- und nebeneinander gleichzeitig existieren – in verschiedenen Ebenen und doch alle miteinander verbunden.

Das Multiversum ist ein Konzept, das dein menschliches Gehirn nicht greifen kann, denn es übersteigt jegliche menschliche Vorstellungskraft.

Deshalb erlaube uns, multidimensionale Konzepte manchmal etwas zu vereinfachen, um sie so herunterzubrechen, dass du sie in deiner menschlichen Form heute gut verstehen kannst. Nimm uns daher nicht immer exakt beim Wort, sondern verstehe das, was wir dir vermitteln, eher als symbolische Geschichten, die dafür da sind, dir etwas begreiflich zu machen, was für Menschen schwer zu fassen ist.

Diese Geschichten erlauben natürlich Interpretationsspielraum und Platz für deine eigenen Gedanken, Empfindungen und Ideenkonstrukte. Sei daher frei, sie gerne mit einzubauen, während du dieses Buch liest oder hörst und unsere Konzepte versuchst, in etwas für dich Verständliches zu übersetzen und dir vorzustellen.

Wenn dieses Buch Zeichnungen oder Bilder enthält, so sind auch diese immer nur der Versuch, etwas Multidimensionales in einem zweidimensionalen Raum optisch darzustellen, was eigentlich gar nicht möglich ist. Deshalb geben auch diese Bilder deinem Gehirn nur eine Basis-Idee – und wir hoffen, dass du mit der Zeit in der Lage sein wirst, diese Bilder selbst zu einem multidimensionalen Konstrukt in dir und in deiner Wahrnehmung auszubauen, sodass du sie irgendwann in ihrer ganzen Tiefe begreifen wirst.

Wer sind wir? Wer übermittelt dieses multidimensionale Buch?

Wir sind eine Vereinigung verschiedener Lichtwesen aus unterschiedlichen Dimensionsebenen und Zeitlinien, die zusammengekommen sind und sich vereinigt haben, um dieses Buch durch Sarah zu übermitteln.

Wir vermitteln wichtige Botschaften für die Menschheit in der aktuellen Zeit – vor allem übermitteln wir wichtige Botschaften für diejenigen Lichtseelen, die sich entschieden haben, am Erleuchtungs- und Erwachensprozess der Erde und der Menschheit jetzt in diesem Moment teilzunehmen.

- Wenn dich diesen Buch gefunden hat ...
- Wenn du das Gefühl hast, du bist hier inkarniert, um eine wichtige Aufgabe zu erfüllen …
- Wenn du immer wieder Leere verspürst, weil dein Leben sich so banal anfühlt und du gleichzeitig das Gefühl hast, etwas Wichtiges zu verpassen …
- Wenn du den Ruf verspürst, dich mit Lichtwesen wie uns zu verbinden …
- Und wenn du immer wieder den Kopf schüttelst darüber, wie verrückt das alles hier ist …

… dann gehörst auch du zu dieser Gruppe von Lichtseelen, die sich zusammengetan haben, um der Menschheit jetzt bei ihrem Erwachensprozess zur Seite zu stehen.

Bitte verstehe, dass deine Aufgabe ganz anders sein kann als die unsere, denn jeder von uns hat eine ganz spezifische Aufgabe in diesem Prozess. Es ist von essenzieller Wichtigkeit, dass du dich bemühst, dich an deine Aufgabe zu erinnern, sie zu verwirklichen und sie auszuleben.

Mit diesem Buch möchten wir dir dabei helfen. Denn wenn jeder einzelne von uns und von euch, seine Aufgabe hier so gut er oder sie kann erfüllt, dann wird die Erde genauso lichtvoll erstrahlen, wie es der Plan ist.

Wir verstehen, dass dir diese Botschaft möglicherweise etwas Angst macht. Vor allem dann, wenn du deine Aufgabe vielleicht noch nicht klar sehen oder fühlen kannst oder wenn dir scheinbar die Mittel und Ressourcen oder Kontakte fehlen, wie man auf der Erde so gerne sagt, um deine Aufgabe zu erfüllen.

Doch sei dir gewiss – du hast alles, was du brauchst, in deiner DNS bereits angelegt, um deine Aufgabe zu erfüllen. Und alles, was du von außen brauchst, seien es Kontakte, finanzielle Mittel oder andere physische Dinge, kommen im richtigen Moment zu dir, wenn du dich wirklich klar ausrichtest und deklarierst, dass du bereit bist, deine Aufgabe zu erfüllen.

Wir haben dir auch eine Meditation zur Verfügung gestellt, die dir dabei hilft, die notwendigen Ressourcen in dein Leben zu ziehen, die du benötigst, um deine Aufgabe mit Leichtigkeit, Freude und Gelassenheit zu erfüllen.

Diese Meditation heißt:

Aktiviere Deine Kosmischen Ressourcen

Du findest diese Meditation als Teil des Buch-Bonus-Pakets gratis hier: sarahcartsburg.de / buch-bonuspaket

Nun sind wir bereit, uns mit dir gemeinsam auf das nächste Level zu erheben, denn es ist tatsächlich ein bisschen wie in einem Computerspiel (um mit dem ersten symbolischen Bild dieses Buches zu beginnen), in dem es verschiedene Bewusstseinslevel gibt, die alle gleichzeitig und parallel existieren.

Je nachdem, auf welchem Level du dich im Moment befindest, erlebst du alles aus einer komplett anderen Perspektive.

Und auch die Welt ist tatsächlich auf jedem Level deines Bewusstseins anders, denn je höher dein Bewusstsein, desto höher dein Level und umso leichter fließen alle Ressourcen zu dir – und desto mehr wirst du ein Magnet für das, was du in dein Leben ziehen möchtest und umso schneller werden deine Gedanken manifest.

Und deshalb musst du auch verschiedene Initiations- und Entwicklungsschritte durchlaufen, um auf eine nächsthöhere Ebene zu kommen.

Denn in den höheren Ebenen werden deine Gedanken so schnell manifest, dass es absolut essenziell ist und von größter Wichtigkeit und Sorgfalt, dass du zuerst erlernst, wie du es schaffst, deine Gedanken rein, lichtvoll und positiv zu halten. Erst dann wirst du auf das nächste Level kommen, damit sich deine negativen Gedanken nicht aus Versehen superschnell manifestieren.

Dies ist ein natürlich eingebauter Schutzmechanismus in diesem Universum.

Denn sobald du negative Gedanken hast, sinkt deine Schwingung auf eine niedrigere Frequenz. Das führt automatisch dazu, dass du in ein niedrigeres Bewusstseinslevel fällst.

In diesem niedrigeren Bewusstseinslevel kannst du dann nicht mehr so schnell Dinge manifestieren und in dein Leben ziehen.

In diesem Level werden deine Gedanken einfach nicht so schnell Realität wie in einem höheren Level. Das hat unter anderem den Grund, dass du vermutlich nicht möchtest, dass deine destruktiven und negativen Gedanken superschnell zur Realität werden – und deshalb haben wir (also nicht wir, die dieses Buch vermitteln, sondern wir, die Erbauer, Erschaffer dieses Universums) so eine Art »natürlichen Schutzmechanismus« gebaut.

Denn auch wenn du grundsätzlich auf einer höheren Ebene schwingst und deine Gedanken schnell manifest werden, so sinkst du eben automatisch auf eine niedere Ebene, sobald du etwas Destruktiveres, Niederes denkst. Eine Ebene, in der deine Gedanken nicht so schnell manifest werden – denn sonst würde die Welt ganz schön dunkel aussehen bei den vielen negativen Gedanken, die Menschen oft so haben.

Der Trick ist daher:

Wenn du bemerkst, dass du negative Gedanken hast, nicht zu verzweifeln und dir keine Vorwürfe zu machen. Nicht zu denken: *»Oh nein, jetzt bin ich aus dieser hohen Frequenz rausgefallen!«*

Denn es ist überhaupt nichts Dramatisches, sondern es ist einfach ein natürlicher Schutzprozess, mehr ist es eigentlich nicht.

Was du machen kannst:

Je feiner (hochfrequenter/hochsensibler/feinstofflicher) du wirst, desto mehr und schneller wirst du spüren, in welcher Bewusstseinsebene du dich soeben befindest.

Wenn du jetzt merkst, dass du in ein niederes Level gerutscht bist, dann steht es dir natürlich frei, dort zu bleiben – oder nicht. Aber da du dieses Buch liest oder hörst, gehen wir davon aus, dass du zu den Menschen gehörst, die sich sehr gerne in einer höheren Frequenz aufhalten. Deshalb möchten wir dir gerne ein paar Tipps an die Hand geben:

In dem Fall stell dir einfach vor, dass mindestens ab deinem Herzchakra eine höhere Ebene beginnt. So wird es dir vielleicht möglich sein zu spüren, dass du dich ab deinem Herzen durchaus noch in einer höheren Ebene befinden kannst, wenn du möchtest. Vielleicht kannst du so auch den Unterschied spüren zwischen der niederen Ebene und der höheren Ebene. Metatron aus unserem Licht-Team hat sich eine Meditation ausgedacht, die dir helfen wird, diese Unterschiede besser zu spüren.

Die Meditation heißt:

Licht-Kugel (mit Metatron)

Du findest diese Meditation gratis hier:
sarahcartsburg.de / buch

Sobald du die Unterschiede spürst, hast du die Möglichkeit, dir entweder einfach vorzustellen, wie du aus dieser niederen Ebene wieder in die höhere Ebene fliegst (oder auch springst).

Teste es doch gleich mal – stell dir vor, du springst ganz einfach in eine höhere Bewusstseinsebene!

Was passiert?

Wie fühlt es sich an?

Oder vielleicht ist es für dich einfacher, dir vorzustellen, wie sich die höhere Lichtfrequenz-Ebene runterzieht oder runterfließt – auch in deinen Bauch, deine Beine, deine Füße und so weiter – und somit deine gesamte Aura wieder von der höheren Lichtfrequenz umfasst wird.

Es gibt natürlich noch viele andere Methoden, die dir dabei helfen können, wie zum Beispiel: dich zu bewegen, dankbar für verschiedene Dinge in deinem Leben zu sein, zu tanzen, ein tolles Lied zu singen, in die Natur zu gehen …

Wichtig ist, dass du mit der Zeit eine oder mehrere Methoden findest, die ***für dich*** wirklich passen und stimmig sind. Denn in diesem hohen Bewusstseinslevel zu bleiben, ist einer der absoluten Schlüssel, um das zu erfüllen, warum du hergekommen bist.

Denn ganz egal, was deine spezifische Aufgabe hier ist:

Es gehört mit großer Wahrscheinlichkeit dazu, dass es auch wichtig ist, dass du es schaffst, **die neuen, höheren Lichtfrequenzen hier auf der Erde zu verankern, indem du sie verkörperst.**

Und du verkörperst sie, indem du möglichst viel Zeit deines Lebens in diesen hohen Lichtfrequenzen verbringst – dich in dieser hohen Schwingungsfrequenz bewegst, aufhältst, darin lebst.

Wie bereits vorher angesprochen: Wir bitten dich, nicht zu verzweifeln, wenn du hin und wieder (oder zu Beginn auch öfter ☺) aus dieser hohen Schwingungsfrequenz hinausfällst.

Das ist völlig normal – deshalb haben wir bereits verschiedene Prozesse durch Sarah gechannelt, um dir zu helfen, dauerhaft in dieser hohen Frequenz zu bleiben und deine Chakras upzugraden, unter anderem den Lichtkörper Aktivierungsprozess, den Licht-Chakra-Portal-Aktivierungs-Prozess und die Chakra-Upgrade-Meditationen von *Erwecke Deine 7 Energietore*.*

* Vgl. dazu die letzten Seiten dieses Buches.

Wir bitten dich, diese Tools, wenn du Schwierigkeiten hast, diese hohe Schwingungsfrequenz zu halten, auch zu nutzen. Denn wir haben sie extra dafür erstellt, um möglichst vielen Menschen diese Möglichkeit zu geben, die höheren Schwingungsebenen dauerhaft zu erreichen und zu verankern.

Nun beenden wir das heutige Kapitel und wünschen dir bereits ganz viel Freude in deinem hohen Alltagsbewusstsein.

KAPITEL 1

Dieses Buch ist ein multidimensionales Konstrukt

Wir begrüßen dich zum ersten Kapitel dieses wundervollen Buches das nur in deiner Welt die Form eines Buches hat.

In unserer Welt ist dies kein Buch, sondern ein multidimensionales Konstrukt, das aus Wissen, Erfahrung, Frequenzen, Symbolen und vielem, vielem mehr besteht.

Wir hoffen darauf, dass es dir durch das Lesen oder Hören dieses Buches möglich ist, diese Frequenz-Erhöhungen in dich aufzunehmen und in dir zu aktivieren, zu verankern und dauerhaft zu leben und zu verwirklichen – denn darum geht es letztendlich hier auf der Erde für dich und für alle Lichtseelen, die in dieser Zeit inkarniert sind: beim Aufstieg der Erde mitzumachen.

Es geht darum, die hohen Frequenzen so zu übersetzen, so zu übertragen und so zu verkörpern, dass du sie im Hier und Jetzt in deinem Alltag dauerhaft ausleben kannst – in jedem Wort, das du sprichst, in jedem Gedanken, den du denkst, in jedem Ton, den du von dir gibst, und in jedem Gefühl, das du in dir spürst – sowie in jeder einzelnen Zelle deines Körpers und den vielen Elementen in deinen Zellen.

Die Quanten, aus denen du hier in der Materie in der physischen Welt bestehst, sind höchste Lichtfrequenzen – doch du hast so lange in der Illusion gelebt, dass du aus Dunkelheit bestehst, dass es dir nun oftmals schwerfällt, dieses hochfrequente Licht auch wirklich immer und dauerhaft präsent zu spüren.

Die Wahrheit ist, dass du aus reinem Licht bestehst, aus den höchsten Lichtfrequenzen, die es gibt. Doch was in den letzten Jahrtausenden geschehen ist auf der Erde, ist eine bewusste Herabsetzung eurer Schwingungsfrequenz.

Es geht nun nicht darum, jemandem die Schuld daran zu geben und die Geschichten neu aufzuarbeiten, wer verantwortlich dafür ist, dass die Schwingungsfrequenz sich damals herabgesenkt hat.

Einigen wir uns einfach für den Zeitraum, den wir mit diesem Buch und hoffentlich auch danach gemeinsam verbringen, darauf, dass dies für deine Aufgabe keine Rolle spielt. Was eine Rolle spielt, ist, dich von jeglichen Schuldgefühlen, falls du welche haben solltest, die mit den niederen Frequenzen zu tun haben und mit dem niederfrequenten Zustand, in dem die Erde ist, befreist. (Viele nennen ihn auch den Absturz oder den Fall von Atlantis oder den großen Riss – es gibt viele, viele Bezeichnungen dafür.)

Wichtig ist, dass du herausfindest, ob du diesbezüglich noch Schuldgefühle in dir trägst, weil du damals in irgendeiner Form in diese Geschichte involviert oder daran beteiligt warst – und diese dann auflöst und dir vergibst.

Wir haben eine bestimmte Reinigungs- und Vergebungsmeditation speziell für diese atlantische Geschichte zur Verfügung gestellt – denn es geht nicht mehr darum, wer verantwortlich dafür ist.

Diese Meditation heißt:

Heilung Deines Atlantis-Traumas

Du findest diese heilsame Meditation hier:
sarahcartsburg.de / atlantis

Wichtig ist, dass du dich erinnerst, dass du jetzt hier bist, um das Licht zu verankern. Dafür ist es essenziell, dass du dich an deine Lichtfrequenz erinnerst – und zwar so intensiv und stark erinnerst, dass du es schaffst, sie in jedem einzelnen Moment deines Lebens immer vollkommen bewusst zu verkörpern.

Es geht darum, dass dieses Licht so stark ist, dass dunkle, niedere Frequenzen von dir abprallen, sie keinerlei Möglichkeit haben, in dir anzukommen und bei dir anzudocken.

Das bedeutet nicht, dass du deine Augen verschließen sollst vor der Realität und so tun sollst, als gäbe es keine dunklen

Frequenzen mehr auf der Erde, denn dies ist zumindest im Moment noch nicht die Realität (und das ist auch völlig in Ordnung, denn du lebst hier in einem dualen Universum).

Worum es geht, ist, dass du diese Frequenzen nicht an dich heranlässt. Es geht um Befreiung aus dem Gedanken-Konstrukt, das du höchstwahrscheinlich seit Jahrtausenden mit dir herumschleppst. Es geht um die Annahme, dass du Teil dieser niederen Frequenzen bist und deshalb die Verantwortung dafür trägst, diese niederen Frequenzen auch zu spüren und darauf zu reagieren.

Doch das ist nicht deine Aufgabe, das ist nicht die reine Wahrheit. **Die reine Wahrheit ist, dass du aus Lichtfrequenzen bestehst, aus reinen, hochschwingenden Lichtfrequenzen und nichts sonst.**

Alles andere ist die Illusion, in die du dich absichtlich, bewusst oder unbewusst, hast hineinziehen lassen, dass du Teil der Dunkelheit bist oder warst, weil du eben hier auf der Erde lebst, wo diese Dunkelheit (oftmals) scheinbar herrscht.

Vor allem im Kollektiv der Menschheit ist diese Dunkelheit stark spürbar. Und da du im Moment Mensch bist, bist du auch Teil dieses Kollektivs. So ist es ganz natürlich, dass du automatisch auch diese kollektiven Geschichten wahrnimmst und für deine Realität hältst – so wie alle anderen Menschen dies auch für die Norm halten.

Selbst wenn du schon etwas drüberstehst und nicht mehr alle Lügenkonstrukte, die die Medien dir erzählen, glaubst, ist es dennoch so, dass du unterbewusst sehr stark mit dem Kollektiv der Menschheit verknüpft bist.

Daher ist es wichtig, dass du dich bewusst auf eine andere Schwingungsebene begibst, in der es auch ein anderes Kollektiv gibt. Denn es ist essenziell für deine Seele, dich als Teil eines Kollektivs zu fühlen. Du existierst nun mal nicht unabhängig von allem anderen um dich herum.

Es ist jedoch so, dass es nicht automatisch gegeben sein muss, dass du Teil des momentanen Norm-Menschheits-Kollektivs bist.

Ganz im Gegenteil, es gibt auch andere Kollektive, mit denen du dich bewusst verbinden kannst, so wie wir z.B. das Kollektiv sind, das sich zusammengetan hat, um dieses Buch durch Sarah zu übermitteln. Wir sind ein sogenanntes Wahlkollektiv. Das bedeutet, dass wir uns bewusst dafür entschieden haben, Teil dieses bestimmten Kollektivs zu sein und uns dann in dieses Kollektiv hineingeklinkt haben, uns damit verbunden haben.

Nun ist es so, dass du nur dann Teil eines Kollektivs sein kannst, wenn du bewusst und dauerhaft die Schwingungsfrequenz dieses Kollektivs auch verkörperst, sonst würden ja in Lichtkollektive auch dunkle Frequenzen hineintreten können. (Was natürlich nicht möglich sein sollte, denn sonst werden die Lichtkollektive ja auch mit der Zeit von der Dunkelheit vereinnahmt.)

Wir laden dich nun ein, dich bewusst mit der Frage auseinanderzusetzen, von welchem Kollektiv du Teil sein möchtest, und dann Wege zu finden, dich zu einem Teil dieses Kollektivs zu machen.

Wir möchten dir hiermit ein paar Ideen geben, wie dies vonstattengehen kann:

Mach dir bewusst, dass es verschiedene Kollektive auf der Erde und auch in anderen Dimensionen und Ebenen gibt. Im Moment gibt es auf der Erde ca. drei bis vier verschiedene große Kollektiv-Ebenen. Natürlich gibt es auch noch ganz viele Unter-Kollektiv-Ebenen, doch wir reden jetzt über übergeordnete Kollektiv-Ebenen.

Der größte Unterschied dieser Kollektiv-Ebenen ist die Schwingungsfrequenz.

Es gibt bereits eine Kollektiv-Ebene von einer gewissen Gruppe an Lichtseelen, von denen wir glauben, dass du auch perfekt dazu passen würdest – sonst hätte dich dieses Buch nicht gerufen –, die bereits auf einer relativ hohen Frequenz schwingt. Denn dieses Kollektiv ist eine Zusammensetzung aus menschlichen Wesen, die gleichzeitig eine tiefe Erinnerung haben an ihre Parallel-Leben in anderen Dimensionen, Planeten, Galaxien und Sternen-Ebenen.

Dadurch schaffen die Wesen in diesem Kollektiv es, eine sehr hohe Schwingungsfrequenz beizubehalten, auch wenn dies durch die momentanen Umstände, die hier auf der Erde noch vorherrschen, nicht immer ganz einfach ist.

Wir laden dich ein, bewusst Teil dieses Kollektivs zu werden, wenn du möchtest. Auch dafür gibt es schon eine bestimmte Meditation, die wir durch Sarah übermittelt haben, als Corona damals begonnen hat. Denn zu diesem Zeitpunkt war ein essenzieller Shift* in der Menschheit vonnöten, um eine gewisse Menge an Menschen auf einem hohen

* Shift = Veränderung, Umbruch.

Frequenz-Level zu halten, und deshalb haben wir damals diese Kollektivmeditation über Sarah übermittelt.

Du findest diese Meditation kostenlos hier: sarahcartsburg.de/lichtmeditation

Wir laden dich ein, diese Meditation regelmäßig zu machen, um dich immer wieder mit diesem höheren Schwingungskollektiv zu verbinden – und gleichzeitig ist es wichtig, dass du auch auf der physischen Ebene dementsprechend handelst und dich mit Menschen umgibst, die Teil dieses hohen Schwingungskollektivs sind.

Dieser Aspekt ist nicht zu unterschätzen. Natürlich ist es dir auch möglich, alleine irgendwo zu leben und nur im Bewusstsein mit diesem hohen Kollektiv verbunden zu sein, da spricht überhaupt gar nichts dagegen, wenn es Teil deiner Aufgabe wäre, ein Einsiedler zu sein.

Bewegst du dich aber in der normalen Welt, dann ist es wichtig, dass du deinen Freundeskreis wirklich genau durchleuchtest. Wir versprechen dir, dass dir dies mit der Zeit leichter fallen wird – und dass du dir erlaubst, dich von Menschen zu trennen, die deiner Schwingungsfrequenz schaden. Dies mag am Anfang schwierig für dich sein, doch es ist ein essenzieller Schritt, um es zu schaffen, dein Licht dauerhaft zu verankern. Dies bedeutet nicht, dass du dich nie wieder an Orte begeben oder mit Menschen in einem Raum sein darfst, die eine niedrigere Schwingungsfrequenz haben.

Im Gegenteil, gerade an solchen Orten kann es wichtig sein, dass ein lichtvoller Mensch wie du präsent ist, um dort das Licht zu verankern. Wenn dies deine Aufgabe ist, dann wirst du ganz sicher, wenn die Zeit gekommen ist, den Ruf spüren, genau dies zu tun und dich an diese Orte zu begeben. Doch es muss klar sein, dass es gewisse Grenzen gibt und dass du diese Menschen möglichst nicht in deine heiligen Schwingungsräume hineinlässt, die dir gehören, um dich immer wieder an deine hohen Frequenzen zu erinnern.

Dies bedeutet zum Beispiel, wenn du in einer sehr hohen Frequenz bist und bemerkst, dass es gewisse Menschen gibt, die dich immer wieder dauerhaft aus dieser Frequenz herausreißen (sei es durch WhatsApp-Nachrichten, E-Mails, Anrufe oder einfach Gedanken oder energetische Verbindungen, die durch diese Menschen zu dir kommen, Schuldgefühle, die sie dir machen, und energetische Verstrickungen). Daher möchten wir dich bitten, wirklich ganz genau hinzuschauen und ehrlich mit dir selbst zu sein:

Ist es wirklich Teil deiner Aufgabe, mit diesen Menschen verbunden zu bleiben, um ihnen zu helfen, wieder zurück ins Licht zu finden?

Oder ist es nicht vielmehr Teil deiner Aufgabe, eure alten – möglicherweise karmischen – Verträge endlich aufzulösen und euch beide von diesen gegenseitigen Verkettungen zu befreien?

Lies diesen ganzen Abschnitt bitte noch einmal, denn dies war ein sehr komplexer und wichtiger Abschnitt.

Glaub uns, du tust damit nicht nur dir selbst, sondern auch der anderen Seele einen Gefallen. Denn auch sie ist höchstwahrscheinlich nicht glücklich mit diesen Verkettungen, die auf energetischer Ebene zwischen euch existieren.

Wir verstehen, dass dies nicht immer ganz einfach ist, deshalb haben wir auch dafür eine Meditation übermittelt, die du in Sarahs Kurs *Aktiviere Deine Superkräfte* findest.*

Es gibt selbstverständlich auch andere Methoden, dich von diesen Menschen zu lösen, doch der erste Schritt besteht immer darin, klar zu erkennen, was deine Aufgabe mit dieser anderen Seele ist. Deine Aufgabe kann auch sein, das Licht für diese Person zu halten. Dabei ist es wichtig, dass du dich nicht täuschen lässt von Illusionen, die dieser Mensch dir übermittelt, um dich zu manipulieren.

Es kann aber auch sein, dass es deine Aufgabe ist, eure karmischen Verträge ein für alle Mal aufzulösen, die vielleicht seit Jahrhunderten oder Jahrtausenden existieren. Dies ist besonders häufig der Fall bei sogenannten »Seelenverwandten«, die dann möglicherweise durch diverse Lebensumstände voneinander getrennt sind, oder bei Familienmitgliedern, mit denen du scheinbar so eng verbunden bist, dass es wirklich schwer scheint, dich von ihnen zu befreien.

Dann gibt es die Seelen, bei denen es einfach deine Aufgabe ist, zu lernen, eine klare Grenze zu ziehen, in deinem

* Mehr dazu erfährst du am Ende dieses Buchs

Licht zu bleiben und zu sagen: »*Nein, danke, dich möchte ich nicht haben in meinem Leben.*«

Und dazu auch zu stehen und **dir darüber keine Schuldgefühle einreden zu lassen** (sowohl mit Worten, als auch energetisch von irgendjemand anderem, der eine andere Meinung zu diesem Thema hat ☺).

Ganz im Gegenteil, es ist Teil deiner Seelenaufgabe, deine Frequenz so hoch wie möglich zu halten. Deshalb wird es Teil deines Lernprozesses sein, alles, was niederfrequente Schwingungen hat, auf einem gewissen Abstand zu halten, sodass es nicht in deine Aura hineinkommen kann.

Wie vorher bereits gesagt, **sollst du diese dunklen Frequenzen nicht ignorieren und so tun, als gäbe es sie nicht.**

Aber du darfst sie nicht in dich hineinlassen.

»In dich« kann Verschiedenes bedeuten, denn deine Aura hat einen komplexen Aufbau und eine gewisse Größe – und wo diese Grenze bei dir beginnt und aufhört, wirst du mit der Zeit sicherlich herausfinden.

Je mehr du es schaffst, in deiner eigenen hochfrequenten Schwingung verankert zu sein, desto leichter wird es für dich, diese Frequenzen draußen zu halten und deine Frequenz hoch zu halten. Es ist eine Aufwärtsspirale des Lichts ☺.

Nun möchten wir dir noch eine einfache Technik übermitteln, deine innere Lichtspirale zu spüren.

Du kannst diese Meditation entweder hier lesen oder anhören. Um wirklich voll und ganz die Kraft dieser Meditation zu spüren, empfehlen wir dir sehr, die Audio-Variante mit hochfrequenter Musik anzuhören.

Diese Meditation heißt:

Aktiviere Deine Kosmischen Ressourcen

Du findest sie gratis hier: sarahcartsburg.de/buch

Mach es dir dafür ganz gemütlich und führe diese Meditation im Idealfall im Sitzen oder Stehen durch. Sollte dies für dich nicht möglich sein, darfst du natürlich auch liegen.

Wenn du diese Meditation über den obigen Link anhörst, anstatt sie lesen zu wollen, dann kannst du direkt zum nächsten Kapitel übergehen. Unsere klare Empfehlung ist es, diese Meditation erst zu lesen und danach mit Musik anzuhören, damit du die Kraft dieser Meditation noch besser spüren kannst.

»Dann fokussiere dich auf dein Wurzelchakra, auf deine Basis, und stell dir vor, wie sich eine möglicherweise rote, orangerote oder vielleicht auch leicht bräunliche Lichtspirale aus dir herausbildet, aus deinem Wurzelchakra heraus, die tief in die Erde, in die Erde der 5. Dimension hineinreicht, bis zum Kern von Gaia in der 5. Dimension, und sich dort verankert.

Es ist wie ein Schlüssel-Schloss-Prinzip: Deine Wurzel-Spirale, das ist die Spirale, die aus deinem Wurzelchakra in Gaia hineinreicht, hat ihren eigenen Ankerpunkt im Zentrum von Gaia in der 5. Dimension.

Stelle dir daher nun vor, wie sich deine Spirale hineinschraubt, hineinspiralisiert ins Zentrum von Gaia. Wenn es dir leicht fällt, kannst du dein Becken dazu gerne in kreisenden Bewegungen bewegen. Lass diese Spirale wirklich bis ins Zentrum von Gaia hineinreichen und sich dort verankern, fest und dauerhaft verankern.

Dies ist dein Ankerpunkt, dein Ankerpunkt in Gaia der 5. Dimension. Und wann immer du merkst, dass du beginnst zu wackeln, sei es emotional oder physisch, dann erinnere dich an diesen Ankerpunkt, denn er verleiht dir wirklich hochfrequente Stabilität und eine hochfrequente Form der Erdung.

Vielleicht kannst du nun spüren, wie Licht aus dem Zentrum von Gaia diese hochfrequente Spirale hinauffließt, hinaufströmt in wirbelförmigen Bewegungen und in deinem Wurzelchakra, in deiner Basis hier auf der Erde, ankommt.

Dies ist dein Zuhause in deiner momentanen Erdinkarnation, in deiner momentanen menschlichen Hülle, in deiner momentanen menschlichen Form, die du im Moment hast.

Nun stelle dir vor, wie die Spirale sich weiter nach oben dreht und sich in orangefarbenes Licht verwandelt.

Die Spirale hat verschiedene Farben, je nachdem wo und wann sie sich durch deinen Körper bewegt. Wenn du andere Farben wahrnimmst oder dir andere Farben heute gut tun, ist das auch völlig in Ordnung.

Vertrau deiner Seele, was du spürst und wahrnimmst.

Dann lass diese Spirale sich weiter nach oben schrauben, drehen, verwirbeln, bis zu deinem Sakralchakra. Es hilft, wenn du dein Sakralchakra dazu in kreisförmigen Bewegungen bewegst, deinen unteren Rücken kreisen lässt.

Und dann stell dir vor, wie das Sakralchakra durch dieses hochfrequente Licht jetzt vollkommen aktiviert wird auf seiner allerhöchsten Schwingungsfrequenz, die im Moment zum höchsten Wohle deiner Seele ist.

Lass dich einfach überraschen, was du spürst. Und wenn du noch nichts wahrnehmen kannst, vertraue darauf, dass die Schwingungsfrequenz-Upgrades trotzdem geschehen.

Spüre, wie dein Sakralchakra sich ausdehnt und wie auch dein Wurzelchakra ganz weit ist, sodass du dich wie in einer Art weitem Lichtkanal befindest, der im Zentrum von Gaia beginnt und breiter ist als dein Körper und deine ganze Aura mit einschließt.

Und dann lass die Spirale weiter nach oben wandern zu deinem Solarplexuschakra und beauftrage nun die Lichtspirale, dein Solarplexuschakra zu aktivieren, vollständig, sodass es jetzt auf seiner höchsten Schwingungsfrequenz vibrieren, dauerhaft schwingen kann.

So oder besser zum höchsten Wohle deiner Seele sei es jetzt.

Vielleicht dauert es einen Moment, bis diese Aktivierung ganz bei dir angekommen ist. Wenn du den Impuls hast, dich zu bewegen, egal wie, dann folge diesem Impuls jetzt.

Nun stell dir vor, wie sich auch dein Solarplexuschakra ausdehnt, weiter wird, breiter wird, so groß wie deine ganze Aura, sodass dein Lichtkanal nun vom Zentrum von Gaia über dein Sakralchakra bis zu deinem Solarplexuschakra reicht.

Und vielleicht kannst du diesen Lichtkanal wirklich als einen Regenbogenkanal wahrnehmen, der unterschiedliche Farben und Schwingungsfrequenzen enthält. Dann lass dieses Licht weiter nach oben steigen.

Die Spirale dreht sich weiter nach oben.

Bewege deine Brust in kreisförmigen Bewegungen, bis die Spirale des Lichts, in deinem Herzchakra ankommt und die Kraft dieser Kundalini-Lichtfrequenzen nun dein Herzchakra vollständig aktiviert, sodass dein Herzchakra jetzt auf der höchsten Schwingungsfrequenz schwingt, vibriert und resoniert, die jetzt zum höchsten Wohle deiner Seele und zum höchsten Wohle des großen Ganzen ist – so oder besser sei es jetzt.

Spüre wie, dein Herz zu leuchten beginnt und aufgeht, sich öffnet, denn du bist jetzt in Sicherheit.

Dein Herz ist hier sicher. Auf dieser Frequenz ist es sicher, dein Herz zu öffnen und der Liebe zu vertrauen, deiner Liebe und der Liebe der Quelle des Universums und allem, was dich umgibt.

Atme tief ein und aus.

Stell dir vor, wie Lichtfrequenzen in dein Herz hineinströmen und aus deinem Herzen ausströmen in die Welt hinein.

Und dann stell dir vor, wie dein Herzchakra sich ganz weit ausweitet, so groß wie deine Aura oder größer, darüber hinaus und sich daher nun der Lichtkanal vom Zentrum von Gaia über dein Basischakra, über dein Sakralchakra, über dein Solarplexuschakra bis zu deinem Herzchakra mit Licht anfüllt, das stark und stabil ist.

Dann stell dir vor, wie dein Lichtkanal, dein Regenbogenkanal weiter nach oben wächst, die Lichtspirale sich weiter nach oben dreht bis zu deinem Halschakra.

Erlaube der Lichtspirale dein Halschakra vollständig zu aktivieren und die Schwingungsfrequenz deines Halschakras upzugraden auf die höchsten Lichtfrequenzen, die jetzt deinem höchsten Wohle dienen und zum höchsten Wohle des großen Ganzen sind – so oder besser sei es jetzt.

Vielleicht kannst du aquamarinfarbene, kristalline Lichtfrequenzen wahrnehmen, während dieser

Prozess geschieht und dein Halschakra nun vollständig aktiviert wird.

Dann lass das Licht weiter aufsteigen bis zu deinem Stirnchakra, deinem Dritten Auge, deiner Zirbeldrüse, und beauftrage das Licht alles aufzulösen, was dich noch blockiert, dein Stirnchakra vollständig zu aktivieren und dein Stirnchakra und deine Zirbeldrüse jetzt auf die höchsten Lichtfrequenzen einzuschwingen und vollständig zu aktivieren.

So oder besser, zum höchsten Wohle deiner Seele und zum höchsten Wohle des großen Ganzen sei es jetzt.

Vielleicht kannst du spüren, wie dein Drittes Auge, dein Stirnchakra, zu pulsieren beginnt im Zentrum deines Kopfes und vielleicht kannst du wahrnehmen, wie das Licht deiner Zirbeldrüse nun aus der Zirbeldrüse hinausströmt und deinen ganzen Kopf im Licht einhüllt und über deinen Kopf hinausreicht.

Vielleicht kannst du auch spüren, wie hohe Lichtfrequenzen in deine Zirbeldrüse hineinströmen und dich dort mit Licht speisen und dir Lichtinformationen übermitteln, Lichtfrequenzen zur Verfügung stellen, mit denen du wahre Wunder erschaffen und bewirken kannst.

Stell dir vor, wie der Lichtkanal vom Zentrum von Gaia bis ganz nach oben reicht, auch über dein Herzchakra, Halschakra, Stirnchakra hinaufreicht bis über deinen Kopf und du in Licht gehüllt bist.

Weit und breit Licht. Du bist Licht.
Du bist ein Lichtkanal.

Du bist Kanal für das Licht jetzt.

Du bist stabiler Kanal für das Licht jetzt.

Dann stell dir vor, wie das Licht weiter hinaufsteigt zu deinem Kronenchakra, der Wirbel weiter hochsteigt und in deinem Kronenchakra ankommt.

Und dein Kronenchakra vollständig aktiviert wird, sodass es jetzt auf den höchsten Lichtfrequenzen schwingt und empfängt.

So oder besser, zum höchsten Wohle deiner Seele und zum höchsten Wohle des großen Ganzen sei es jetzt.

Beobachte, wie dein Lichtkanal sich dadurch automatisch weiter ausdehnt und weit über deinen Kopf nach oben hinausreicht und ab jetzt kosmisch universelle Lichtfrequenzen rein und klar empfangen kann, empfangen und übersetzen kann, empfangen und materialisieren kann.

Spüre, wie das Licht fließt.

*Dann stell dir vor, wie die Lichtspirale weiter nach oben wandert zu deinem 8. Chakra, ein Stück weit oberhalb deines Kopfes, zu deinem Hohen Selbst.**

* Hohes Selbst = der Teil von dir, der schon immer da war und alles weiß – mehr dazu auch im Kapitel 11.

Atme tief ein und aus.

Stell dir nun vor, wie der Lichtstrahl dort andockt, sich mit deinem Hohen Selbst verbindet und dadurch dein Hohes Selbst hineinzieht, hierher in deinen Erdenkörper, in deine jetzige Erdinkarnation.

Erlaube nun deinem Hohen Selbst, sich jetzt voll und ganz auszudrücken, auszubreiten und zu verkörpern in jeder einzelnen Zelle deines Körpers und in deinem Lichtkanal. Jetzt.

So oder besser, zum höchsten Wohle deiner Seele und zum höchsten Wohle des großen Ganzen sei es jetzt.

Möglicherweise nimmst du wahr, wie dein Hohes Selbst sich erst ausbreitet, denn es ist riesengroß, und sich dann wirklich mit deinem physischen Körper verbindet und auch in deinem Emotionalkörper und deinem Mentalkörper und all deinen anderen Körpern vollständig ausbreitet, sodass all diese Anteile von dir jetzt vollständig von deinem Hohen Selbst erfüllt sind. Jetzt.

Dein Hohes Selbst ist so groß, dass es nun vom 8. Chakra aus hineinreicht bis zum Zentrum von Gaia und über dein 8. Chakra hinausreicht bis zur Quelle des Universums, bis zur Ur-Quelle allen Seins.

Dieser Lichtkanal ist die Basis, die dir helfen wird, alles zu verwirklichen, weshalb du hergekommen bist.

Dieser Lichtkanal ist die Basis, um deine Seelenaufgabe zu erfüllen und alles mit der Kraft deines

Wortes und der Kraft deiner Gedanken und deines Herzens manifest werden zu lassen, was Teil deiner Seelenaufgabe ist und dir Freude bereitet.

Du darfst Freude haben, während du diesen Weg gehst und deinen Seelenplan erfüllst. Freude unterstützt dich, dauerhaft in dieser hohen Frequenz zu bleiben, denn hier existiert pure Lebensfreude, hier hast du alles: Freude, Glück, unendliche Möglichkeiten – alles, was möglich ist, steht dir zur Verfügung.

Durch diesen Lichtkanal ziehst du automatisch alles in dein Leben, was dir hilft, deinen Seelenplan mit Freude und Leichtigkeit zum perfekten Zeitpunkt, mit den richtigen Lichtseelen oder auch alleine zu erfüllen, wenn dies Teil deines Plans ist.

Vertraue darauf, dass nun alles zu dir kommt, was du zur Erfüllung deines Seelenplans benötigst. Atme tief ein und aus.

Vertraue deiner Intuition. Sie wird dich leiten.

Vertrau deinem Herzen bedingungslos, dann bleibst du garantiert auf dem Weg des Lichts.

Spüre diese Verbindung zur Quelle, zu deinem Hohen Selbst, zu deinem Lichtkanal, so oft du kannst in deinem Alltag. Und verankere diesen Zustand nun mit einer Mudra deiner Wahl, z.B. indem du Daumen und Ringfinger jetzt aneinanderlegst und einige Male tief ein- und ausatmest, während du diesen Lichtkanal, die Verbindung zu deinem Hohen Selbst, zur Quelle und die starke Verbindung mit dem Zentrum von Gaia spürst.

Und dann leg die Hände an dein Herz.

Atme tief ein und aus, öffne langsam deine Augen in dem Vertrauen und der Sicherheit, dass du nun mit deinem Hohen Selbst in der Erde der 5. Dimension verankert und geerdet bist und nun alles erschaffen kannst, alles in dein Leben ziehst, was Teil deines kosmischen Seelenplans ist, was Teil deines Lichtweges ist.

Du bist Licht.

Sprich nun die folgenden Worte möglichst laut aus, um diese hohen Frequenzen nun auch noch auf der Sprachebene zu verankern:

»Ich bin reines Licht.

Ich bin ein Kanal für das Licht.

Mein Hohes Selbst ist jetzt vollständig in meinem Körper verankert.

Mein Hohes Selbst ist jetzt vollständig in all meinen Körpern durch alle Zeiten, Räume und Dimensionen hindurch.

Ich bin Licht.

Ich bin reine Schöpferkraft. Ich bin klare Heilungsmacht. Ich bin Licht.«

KAPITEL 2

Die wahre Geschichte der Menschheit und die wahre Geschichte deiner Seele

Schön, dass du da bist – bei Kapitel 2 dieses wundervollen, magischen Buches, das in Wahrheit kein Buch ist, sondern ein multidimensionales Werk.

Dass du bei Kapitel 2 angekommen bist, sagt einiges über dich und deine Lichtkraft aus: Es bestätigt, wie lichtvoll und stark du bist, denn sonst hättest du dieses Buch längst zur Seite gelegt.

Es bestätigt, dass du tatsächlich eine Lichtseele bist, die hierhergekommen ist, um Lichtvolles, Gutes zu bewirken und ihren Seelenauftrag zu erfüllen, sonst hätte dich Kapitel 1 vermutlich abgeschreckt.

Wir laden dich ein, dich nun mit uns auf eine Reise zu begeben – in die Geschichte der Menschheit und die Geschichte deiner Seele. **Bitte verstehe, dass es immer viele Perspektiven der Wahrheit gibt.**

Unendlich viele Perspektiven, denn »die eine Wahrheit« gibt es nicht.

Was wir dir heute vermitteln möchten, sind Gedanken, Impulse, Ideen, Konstrukte, die nicht die einzige, letztendliche Wahrheit widerspiegeln, sondern als Symbole bzw. als Parabel dafür dienen sollen, Erinnerungen in deiner Seele zu wecken. Erinnerungen an deinen ureigenen Seelenweg, die in dir schlummern – denn dich an deine Geschichte zu erinnern, kann dir helfen, deine Aufgabe hier auf einem höheren Level zu begreifen und mit mehr Leichtigkeit anzugehen.

Wie gesagt, es gibt viele Varianten dieser Geschichte und die Variante deiner Seele sieht möglicherweise ganz anders aus als Sarahs Variante. Wir wählen hier Sarahs Geschichte, wie gesagt nur als Beispiel, sodass du Ideen und Impulse dafür bekommst, wie deine eigene Geschichte ausgesehen haben könnte. Danach laden wir dich ein, dir Zeit zu nehmen, in die Stille zu gehen und dein Hohes Selbst zu bitten, dir *deine Geschichte* zu offenbaren. Vor allem, dir die Teile und Aspekte deiner Seelengeschichte zu offenbaren, die dir jetzt behilflich sind und dich unterstützen können.

Denn es geht nicht darum, dich einfach willkürlich, unwillkürlich oder zufällig an alles zu erinnern – damit wären du und deine Seele völlig überfordert. Es geht darum, dich an die Elemente und Aspekte deines Weges zu erinnern, die unterstützend sind und die aus irgendeinem Grund Relevanz haben für deinen Seelenauftrag in diesem Leben.

Vor vielen, vielen Millionen Jahren gab es eine junge Seele namens Sarah. Diese Seele hüpfte in der unendlichen Weite des heiligen Womb-Raums* herum und begann, die Ränder dieses Womb-Raums zu erkunden und sich zu fragen, was es eigentlich sonst noch alles gibt. Sie hatte diesen Raum bereits vollständig erkundet, obwohl er sehr groß war, und war nun neugierig auf etwas Neues – also wünschte sie sich, etwas Neues zu erleben, etwas Spannendes, ein Abenteuer. Und weil sie im heiligen Womb-Raum war, wusste sie, dass jeder ihrer Wünsche immer sofort erfüllt werden würde – denn hier gab es keine Grenzen, hier war alles möglich.

Auf ihren Wunsch hin, ein Abenteuer zu erleben, erschien ein Raumschiff, um sie abzuholen, dort wo sie war, und mit ihr durch Zeit und Raum und Dimensionen hindurch zu fliegen und sie auf den Planeten Lemuria zu bringen.

Lemuria war ein wunderschöner Planet voller Leben, voller Licht, voller Lebendigkeit, mit Wasser und Dschungel. Und ja, es war hier leicht, sich zu verwandeln, von einem Wasserwesen in ein Wesen, das auf der Erde sein konnte. Es war möglich, seine Form jederzeit zu wechseln. So verbrachte Sarah viele, viele Stunden, Tage und Wochen im Meer und probierte verschiedene Formen aus. Formen, die sich schnell bewegen, herumwirbeln und den Unterschied zwischen Wasser, Sonne und Luft genießen konnten, wenn sie aus dem Wasser heraussprang und wieder hinunterwirbelte. Ihre Form konnte der einer Meerjungfrau ähneln, der eines Delfins oder eines Wasserdrachens. Wann immer sie

* Womb-Raum oder Womb-Space (wortwörtlich übersetzt »Gebärmutter-Raum«) ist ein Wort, das den heiligen, unendlichen Schöpfungsraum bezeichnet, für den es nicht wirklich passende Worte und Beschreibungen gibt hier in dieser dreidimensionalen Realitätsebene.

den Wunsch verspürte, einen Wechsel zu erleben, begab sie sich an Land, verwandelte ihre Flossen in Füße und erkundete das Land. Dort gab es Palmen, Kokosnüsse, Dschungel, Flüsse mit klarem Wasser, wunderschöne Wasserfälle, Regenbogen und vieles, vieles mehr. Hier begann sie, sich in Gemeinschaft zu erleben, als Teil einer Gruppe von Lichtwesen, die es einfach genossen zu sein.

Diese Lichtwesen begannen, ihre Stimmbänder auszubilden und Töne von sich zu geben, gemeinsam zu singen mit anderen – und durch ihren Gesang waren sie in der Lage, die Farben des Himmels zu verändern.

Eines Tages brach ein gigantisches Gewitter herein. Die Wesen von Lemuria wussten nicht, wie ihnen geschah, denn sie hatten so etwas noch nie erlebt. Sie fanden sich zusammen, als es regnete und regnete, Sturzbäche von Wasser, immer mehr und mehr. Die Wesen von Lemuria spürten keine Angst. Denn sie wussten, dass sie auch im Wasser überleben würden, doch sie liebten ihr Land – aber alles versank im Regen.

Da die Wesen von Lemuria ihr Land so unendlich liebten und nicht vollständig darauf verzichten wollten, auch wenn sie das Wasser genauso wie das Land liebten, erschufen sie eine Art Lichtkugel, um ihr Land ins Innere dieser unendlichen Wassermassen zu geben, ins Innere der Erde.

Kaum hatten sie diese Lichtkugel gemeinsam errichtet mit Kraft ihrer Gedanken, ihrer Gesänge und ihrer Herzen, die im Einklang schwangen, hörte das Gewitter auf. Es tobte jetzt nur noch außerhalb, auf den äußeren Erdschichten, und hier drin war alles friedlich. Hier konnten sie wieder die Farbe des Himmels mit ihren Gesängen beeinflussen und das Klima war perfekt und friedlich.

Nach langer, langer Zeit spürten sie, dass das Außen sich beruhigt hatte. Die ersten Wesen begannen neugierig, sich zu fragen, was da draußen wohl jetzt sei, außerhalb ihrer erschaffenen Lichtkugel. Und so beschlossen einige der Wesen, abermals ihre Form zu verändern und nach draußen zu gehen. Doch dort entdeckten sie nichts als kahle Landschaft ohne Leben, nur im Meer gab es noch Lebensformen.

So verbanden sie sich mit Wesen aus anderen Galaxien und Dimensionen. Sie riefen sie mit ihrer starken Gedanken- und Verbindungskraft und erzählten ihnen, was auf Lemuria geschehen war und fragten, ob sie wüssten, warum, wieso und was hier los sei, wie dieser schöne Planet auf einmal so anders sein konnte.

So erhielten sie die Information, dass die Ur-Quelle ein großes Experiment ins Leben gerufen hatte. Das Experiment hieß »Erschaffen aus dem Nichts«, »Erschaffen aus der Leere«.

Ziel war es, alle Wesen, die sich an diesem Experiment beteiligen wollten, zu ihrer ureigenen, unendlichen Schöpferkraft zu bringen, ohne ihnen Regeln oder Grenzen vorzugeben. Hier sollte alles möglich sein.

Die Wesen von Lemuria begannen sofort, sich an diesem Experiment zu beteiligen – so wie viele andere Wesen des Universums – und sich zusammenzutun, um verschiedenste Lebensformen zu erschaffen.

Lebensformen in unendlicher Vielfalt, die nun ein Zuhause auf der Erde bekommen sollten.

Es dauerte viele, viele Jahre, bis die Erde nun auch außen grün, wieder bewohnbar und in voller Vielfalt von unglaublich vielen verschiedenen Lebensformen bewohnt war.

Die Wesen Lemurias beobachteten dieses Experiment voller Staunen – und dann geschah etwas Unerwartetes.

Ein Volk aus einer fernen Galaxie hatte den Wunsch, zu testen, wie es sich in der tiefsten Dunkelheit anfühlt. Wie sich das Gegenteil von Licht und von Schöpferkraft anfühlt, wie sich das tiefste, dunkelste Loch anfühlt, das man sich vorstellen konnte – das sogar noch außerhalb ihrer Vorstellungskraft lag, denn sie hatten es noch nie erlebt.

Diese Wesen waren sehr unbedarft und sehr jung und sie dachten einfach, es wäre interessant und mal was Neues. Und so beschlossen sie, die Erde für diese Erfahrung zu nutzen, denn die Erde galt als der ultimative Schöpfungsplanet.

Man muss verstehen, dass nun Lemuria im Innen war und das, was sich außerhalb von Lemuria befand, die Erde genannt wurde. Beides zusammen existierte in einem Planeten, aber in einer anderen Schwingungsfrequenz.

Diese Wesen wussten zuerst nicht, wie sie es anstellen sollten, diese Erfahrung zu erschaffen, doch dann kam ihnen eine Idee. Sie würden eine gigantische, dunkle Staubwolke erschaffen, einen großen Meteoriten, der in die Erde einschlagen und so eine Nebelwolke aus dunklen Energien erzeugen würde, um die komplette Erde herum, dass niemand sich mehr erinnern würde, wer er war.

Sie erzählten vielen Wesen im Universum von diesem geplanten Experiment und luden alle ein, die Teil dieser Erfahrung sein wollten, sich auf die Erde zu begeben, um dabei zu sein, wenn die Dunkelheit hereinbrechen würde. Nahezu jede Galaxie, jeder Planet und jedes Sternensystem fand einige Freiwillige, die bei diesem Experiment dabei sein wollten, die die Dualität in ihrer Tiefe erleben wollten.

Doch es gab eine Bedingung: Die Wesen, die dieses Experiment erschaffen wollten, mussten selbst auf der Erde anwesend sein und sie mussten vorher eine Art Vereinbarung treffen, wodurch und wann das Experiment beendet werden sollte.

Hier gab es viele Diskussionen, weil niemand genau wusste, wie sich dieses Experiment entwickeln würde, denn bislang hatte niemand diese tiefe Dunkelheit erlebt. So schloss sich ein »Team« aus Lichtwesen von allen Galaxien und Sternenwelten zusammen, um einen Rat zu bilden, einen Licht-Rat. Dieser Rat bestand aus vielen, vielen Wesen, die um die Erde herum in ihren Raumschiffen stationiert sein sollten, um das Experiment zu begleiten und im absoluten Notfall einzugreifen.

Außerdem war vereinbart, dass das Experiment maximal 24.000 Jahre andauern sollte.* Ab dann sollten Lichtfrequenzen auf die Erde einströmen, um den Wesen auf der Erde zu helfen, sich wieder an die Wirklichkeit, das Licht und ihre Schöpferkraft zu erinnern.

Die meisten Wesen von Lemuria wollten sich nicht beteiligen und beschlossen, in ihrer eigenen Lichtwelt zu bleiben, während um sie herum auf der anderen Ebene der Erde

* Diese 24.000 Jahre gehen jetzt gerade zu Ende, deshalb strömen jetzt so viele Lichtfrequenzen auf die Erde ein und so viele Menschen beginnen, wieder aufzuwachen und sich zu erinnern.

die Hölle ausbrach. Niemand hatte sich vorstellen können, wie stark, wie intensiv, wie schwer die Dunkelheit war. **Niemand, der an diesem Experiment beteiligt war, war sich dessen bewusst gewesen, dass er als Teil davon die vollständige Verbindung verlieren würde.**

Dass er die Verbindung zu seiner Quelle – und dadurch all seine Schöpferkraft – vergessen würde und glauben würde, dass er abhängig wäre von dem, was um ihn herum ist. Keinen Einfluss habend auf das, was um ihn herum geschieht.

Da die Wesen der Erde nun die Verbindung zur Quelle verloren hatten, benötigten sie Energie nun von woanders. **So begannen sie ab jetzt, zu nehmen, anstatt zu erschaffen.**

Sie mussten nun Nahrung zu sich nehmen, um ihre Körper mit Energie zu versorgen. Sie mussten schlafen, denn im Schlaf war ihre Seele zumindest für einen kurzen Moment mit der wahren Energiequelle verbunden. Doch beim Aufwachen konnten sie sich nicht daran erinnern, dass der Schlaf in Wahrheit dazu diente, sich zu verbinden.

Denn sobald sie aufgewacht waren, waren sie wieder in der Illusion, dass es keine Quelle gäbe, und dass die Erde ein dunkler, zerstörerischer Ort ist, an dem es nur ums Überleben geht.

Im Laufe der Zeit gab es verschiedene Orte auf der Erde, wo die Dunkelheit durchbrochen wurde. Zum Beispiel durch Hochkulturen, durch Wesen aus anderen Dimensionen, die zu Besuch gekommen waren, um die Wesen auf der Erde, die dafür offen waren, daran zu erinnern, dass sie in Wahrheit Lichtseelen waren.

Doch in den meisten Teilen der Erde herrschte tiefe Dunkelheit. Und dann brach das Jahr 2000 n. Chr. an. Dies war der vereinbarte Zeitraum des ca. 24.000 Jahre andauernden Experiments, zu dem dieses langsam zu Ende gehen würde.

Die Lichtwesen aus allen Galaxien versammelten sich und ließen hohe Lichtfrequenzen in die Erde hineinströmen. Doch die Menschen waren so tief in der Dunkelheit gefangen, dass es sich als schwieriger herausstellte als gedacht, sie wieder an ihr Licht und die Quelle zu erinnern.

Das Kollektiv der Menschheit war so stark, weil die Menschen so starke schöpferische Wesen sind, dass dieses dunkle Kollektiv nicht durchbrochen werden konnte. Zumal es einige mächtige Wesen gab, die so tief in der Dunkelheit verloren gegangen waren, dass sie glaubten, die gesamte Menschheit unter ihrer Kontrolle halten zu müssen.

Dies erreichten sie, indem sie sie in Angst und Furcht hielten, um ihnen Energie zu klauen – weil sie dachten, sie könnten sich nur von der Angst und der Furcht der Menschheit nähren. Den meisten Menschen waren diese Mechanismen völlig unbekannt. Dann setzte sich der Licht-Rat zusammen und beratschlagte viele Tage und Nächte. Die Erde war nun schon mehrmals fast zerstört worden durch Atomwaffen und andere Experimente, die nur durch das Eingreifen des Licht-Rates verhindert wurden.

Denn sie hatten es sich zur Aufgabe gemacht, dieses Experiment zu einem lichtvollen Ende zu führen und nicht einfach den Planeten zu zerstören.

Da kam einem Wesen aus dem Licht-Rat die rettende Idee:

Was, wenn wir genug Lichtwesen auf die Erde einschleusen, die sich ihrer Schöpferkraft bewusst sind?

Und was, wenn jedes dieser Lichtwesen es schafft, einer bestimmten Anzahl von Menschen zu helfen, sich an ihre Lichtkraft und ihre Schöpferkraft zu erinnern?

Dann könnte das Kollektiv gekippt werden. Denn das Problem war:

Wenn man den Menschen versuchte, aus dieser höheren Ebene zu erklären, dass sie aus Lichtkraft und Schöpferkraft bestehen, konnte dies niemand annehmen und glauben, weil sie so weit davon entfernt waren, dies zu spüren. Außerdem waren ihre Körper auf einer so niederen Schwingungsfrequenz, dass sie tatsächlich aus Selbstschutz nicht mehr schöpfen, sondern nur noch Belangloses erschaffen konnten. Jedoch, fiel dem Licht-Rat ein, diese Idee war nicht so einfach, wie sie schien. Denn es hatte bereits vorher Versuche gegeben, Lichtwesen, wie zum Beispiel Jesus*, auf die Erde zu schicken – und diese Wesen waren nur von einem kleinen Teil der Bevölkerung anerkannt worden, als das, was sie in Wirklichkeit waren. Von einem anderen Teil wurden sie zwar verehrt, aber nicht genug Wesen war klar geworden, dass sie selbst genauso waren – ***genauso mächtig und lichtvoll.***

So begann der Rat einen ausgefeilten Plan zu erschaffen:

Es würde eine Reihe von Lichtwesen geben, die zur Erde reisten (in menschlicher Gestalt) und sich unter die Menschen mischten.

* Jesus wird hier nur als Beispiel genannt, da er in unserem Kulturkreis sehr bekannt ist. Natürlich gab es auch in anderen Kulturkreisen Lichtwesen, die zur Erde kamen, um die Menschen an ihre wahre Schöpferkraft zu erinnern.

Doch um die Menschen in der Frequenz zu erreichen, auf der sie sich befanden, müssten diese Lichtwesen erst selbst spüren, wie sich diese tiefe Dunkelheit anfühlt, damit sie überhaupt auf der gleichen Ebene kommunizieren konnten – und damit ihre Worte und ihre Botschaften verstanden und gehört werden konnten.

Da die meisten Lichtwesen nicht wussten, was die Dunkelheit war, bedeutete dies, dass eine Reihe Freiwilliger in allen Galaxien gesucht wurde.

Mutige Freiwillige, die bereit waren, auf die Erde zu reisen – in die Vergangenheit –, die dort verschiedene Leben in der Dunkelheit durchleben würden, um die Menschen wirklich verstehen zu können, um dann kreative Wege zu finden, den Menschen zu helfen, sich an ihr Licht zu erinnern.

So wurde der Ruf ins ganze Universum ausgesandt, dass Freiwillige gesucht würden. Niemand wusste, ob es glücken würde.

Doch es gab von allen Seiten Freiwillige, die gerne helfen wollten, die Menschheit wieder an ihr Licht zu erinnern.

Auch Sarah war eine dieser Freiwilligen. Und so wurde sie mit anderen Lichtseelen (damit sie auf ihrem Weg nicht alleine war und im Notfall immer jemanden zur Seite hatte) auf die Erde geschleudert.

Hinein in die Zeit, wo ihre Reise mit der Dunkelheit beginnen sollte, und so erging es auch vielen anderen Lichtwesen.

Zuerst war es ein absoluter Schock und es dauerte viele Leben und viele Jahrtausende, bis diese Lichtwesen genug Dunkelheit erlebt hatten, um wirklich zu verstehen, was die Menschheit durchlebt.

Wie tief der Schmerz, die Angst, die Verzweiflung und die Trennung ist, in der sich die Menschheit gefühlt befindet.

Damit sich diese neu auf die Erde gesandten Lichtwesen nicht auch wieder völlig in der Dunkelheit verlieren würden, war ausgemacht, dass sie zu einem vorher vereinbarten Zeitpunkt »aktiviert« würden.

Das bedeutet, in ihren Genen würden die Lichtfrequenzen wieder angeschaltet, um sich zu erinnern, weshalb sie hergekommen waren. Denn auch die Lichtwesen mussten eine lange Zeit vergessen, wer sie waren, um die Dunkelheit in ihrer ganzen Tiefe und Kraft erleben zu können.

Parallel wurden diese Lichtwesen in verschiedenen Leben, Ebenen und Dimensionen ausgebildet, mit unterschiedlichsten Techniken, um nun herauszufinden, wie sie diese Techniken anwenden könnten, um den Menschen aus der Dunkelheit zu helfen.

Da auch dies schwieriger war als erwartet, wurden ab dem Jahr 2000 n. Chr. viele neue Lichtseelen auf die Erde geschickt, um dort als Menschen geboren zu werden, die vorher noch nie auf der Erde gelebt hatten, und so eine höhere Lichtfrequenz verkörpern konnten.

Denn sie waren nicht so tief in der Angst gefangen.

Die Wesen, die so tief verloren gegangen waren, die im Moment die Macht über die Erde und über die Menschheit hatten, bekamen es jetzt mit der Angst zu tun und gerieten in Panik. So erschufen sie einen Plan, die Menschheit noch länger in der Dunkelheit zu halten, denn sie hatten Angst, aufzuhören zu existieren. Sie waren sich nicht sicher, ob sie im Licht überleben konnten.

Und so begann die Dunkelheit, alles zu tun, was in ihrer Macht stand, um das Licht zurückzudrängen. Sie stellten Lichtwesen als Scharlatane da, als Spinner. Sie verbreiteten durch die Medien viel Angst und Schrecken.

Sie erschufen ein Angstszenario nach dem anderen, um die Menschheit weiter in den Angstfrequenzen gefangen zu halten. Doch die Lichtwesen wurden immer stärker und immer mehr Lichtwesen begannen, sich zu erinnern, ihre Lichtfrequenzen zu aktivieren und damit sich selbst und die Menschen um sie herum auf eine höhere Frequenz zu heben.

Bitte verstehe, dass diese Geschichte eine Parabel ist und nicht einmal ansatzweise vollständig alles erzählt hat – denn dann würde dieses Buch ganze Bibliotheken füllen, weil es Millionen von Seiten hätte* ☺.

Wichtig ist, dass du begreifst, dass du immer ein Lichtwesen warst, egal, ob du zu denen gehörst, die hierhergekommen sind, um andere an ihr Licht zu erinnern, oder ob du zu denjenigen gehörst, die von Anfang an bei diesem Experiment der Dunkelheit dabei waren.

Und nun dieses Buch in Händen hältst (oder hörst), **um dich an dein eigenes Licht und deine Schöpferkraft zu erinnern.**

Mach dir bewusst, dass, **egal, welche Rolle du gewählt hast, es eine freiwillige Entscheidung war, welche Rolle du hier spielst.**

* Wenn du mehr Details zur Geschichte des Planeten erfahren möchtest, lade ich dich ein, in die Kosmischen Bibliotheken zu reisen, wo dieses Wissen gespeichert ist. Mehr dazu auch am Ende des Buches.

Und dass alles, was du an niederfrequenten Gefühlen, Gedanken, Empfindungen und Ideen hast, nur Illusionen sind, die Teil dieses Konstrukts waren, Teil dieser dunklen Wolke, die absichtlich über der Erde lag, um dieses Experiment möglich zu machen. Und deine Aufgabe ist es nun, aus diesem dunklen Konstrukt, das immer schwächer wird, auszusteigen, dich darüber zu erheben und dich an deine wahre Schöpferkraft und Lichtkraft zu erinnern.

Früher war es so, dass diese dunkle Wolke wirklich überall präsent war, in dir drin und in allem um dich herum. Deshalb hast du dich abgeschnitten gefühlt vom Licht, einsam, verloren und getrennt.

Diese dunklen Frequenzen sind zwar noch da, aber es ist jetzt ganz einfach, dort, wo du bist, in deinem Körper, ein Lichtkanal zu sein.

Und dieser Lichtkanal durchbricht genau dort, wo immer du bist, diese dunkle Wolke. Und so bauen sich gerade viele, viele Lichtsäulen auf der Erde auf, bis irgendwann nur noch Licht übrig sein wird.

Um diese Lichtsäule regelmäßig aufzubauen, höre dir die Meditation *Licht-Kanal-Aktivierung* so oft wie möglich an.

Du findest sie kostenlos hier: sarahcartsburg.de/buch

Diese Lichtsäule wird dir helfen, dich aus dem Kollektiv der »dunklen Wolke« herauszulösen und dich an deine Lichtkraft und an deine Schöpferkraft zu erinnern.

KAPITEL 3

Deine Verbindung zur Ur-Quelle – und was es bedeutet, Licht-Pionier der Neuen Zeit zu sein

Bevor du weiterliest, möchten wir dich daran erinnern, dass du hier nicht »nur« ein Buch in deinen Händen hältst, sondern ein multidimensionales Werk.

Auch du selbst bist multidimensional.*

Wir sind bereit, heute mit dir über dein multidimensionales, unsterbliches und unendlich großes, gigantisch großes Wesen zu sprechen – deine Seele.

Deine Seele ist Teil eines riesigen, gigantischen Schöpfungswerkes und sobald du spürst und dir bewusst wirst, dass du immer eingebettet warst, bist und sein wirst in dieses große Ganze, werden sich alle deine Probleme relativieren und all deine Sorgen verflüchtigen. Denn eingebettet in dieses große Ganze ist dir bewusst, dass du immer genau zur

---

* In den Akasha-Chroniken sind viele deiner Erinnerungen an dein multidimensionales Sein gespeichert – mehr dazu am Ende des Buches.

richtigen Zeit am richtigen Ort bist und genau das erlebst, was deine Seele für dich vorgesehen hat.

Nun fragst du dich sicherlich:

»Aber wieso habe ich dann oft Ängste? Wieso vertraue ich dann nicht einfach darauf, dass ich alles bekomme, was ich mir wünsche?

Und wieso macht mir das Leben es manchmal so schwer?«

Die Antwort ist ganz einfach, sie liegt auf der Hand sozusagen (dieses Sprichwort würdet ihr vielleicht dafür nutzen ☺).

Doch sie liegt nur dann auf der Hand, wenn du sie sehen und wahrnehmen kannst. Wir möchten dir daher eine Parabel anbieten, eine Geschichte, um dieses Konstrukt, das in eurer linearen Realität sehr schwer begreiflich ist, etwas verständlicher zu machen.

Wir bitten dich, wie jedes Mal, im Hinterkopf zu behalten, dass Geschichten und Parabeln niemals die ganze Wirklichkeit widerspiegeln, sondern immer nur einen Teilaspekt in eine Form verpacken, der für dein Gehirn greifbar und vorstellbar ist.

Stell dir vor, du bist eine Seele – eine unendlich liebevolle, leichte, lichtvolle, wundervolle Lichtseele –, eingebettet in die Gebärmutter (= Womb-Space) der Schöpfung.

Hier ist dein sicherer und ruhiger Raum, in dem du geborgen und behütet bist. Solange du dir bewusst bist, dass du dich immer in diesem Raum befindest, dass du quasi auch jetzt, in diesem Moment, in der Gebärmutter der Schöpfung bist, **wirst du mit allem versorgt, was du brauchst**.

Seien es Nährstoffe oder Lernerlebnisse, Gedanken oder Gefühle. Doch sobald du dir einbildest, du seist getrennt, ein Individuum, in diesem Moment schneidest du dich ab von der Ur-Energie der Schöpfung.

Dies bedeutet nicht, dass die Ur-Energie aufgehört hat, dich versorgen zu wollen. Dies bedeutet lediglich, dass du aufgehört hast, diese Versorgungsenergie in dich hineinzulassen, weil du begonnen hast, sie abzulehnen. **Weil du begonnen hast zu glauben, dass sie gar nicht existiert oder dass du sie nicht verdienst.** Oder, dass du nicht gut genug bist oder erst etwas Bestimmtes erreichen musst, bevor du sie bekommen kannst.

Doch all dies sind nur Illusionen deines Verstandes und deines Unterbewusstseins, die nicht die Realität sind.

Sie sind Teil des Konstrukts, in das du dich hier auf der Erde einst freiwillig begeben hast, um die Dunkelheit, um die Trennung, um den Schmerz zu erleben.

Doch es ist nicht die Realität.

Dies bedeutet, dass du in jedem Moment die bewusste Entscheidung treffen kannst, wieder mit der Quelle verbunden zu sein.

Wir haben eine spezielle Meditation übermittelt, die dir dabei hilft, diese Verbindung wieder zu spüren. Die Verbindung »aufzubauen«, wäre das falsche Wort, denn die Verbindung ist immer da. Du hast dich nur der Illusion hingegeben, dass es diese Verbindung für dich nicht gibt (zumindest im Moment nicht), dass sie scheinbar unerreichbar ist.

Diese Meditation heißt:

Verbindung mit Deinem Hohen Selbst

Du findest sie gratis hier: sarahcartsburg.de / buch

Solange du dich weigerst anzuerkennen, was dein wahres Wesen ist, wie deine Seele in Wirklichkeit beschaffen ist und dass du Teil dieses großen Ganzen bist, so lange wirst du leiden, weil das Außen (= das, was du für deine Realität hältst) dir nie all das geben kann, was du benötigst.

Denn was du in Wirklichkeit tief in deiner Seele brauchst, ist diese Urverbindung zur Quelle. Daher wird deine Seele nicht eher rasten, bis sie diese Urverbindung wiederentdeckt hat.

Dies ist das Geheimnis von Menschen, die wahren Frieden ausstrahlen, die glücklich sind mit sich und der Welt. Sie wissen um diese Verbindung, die ihnen nichts und niemand auf der gesamten Welt jemals wegnehmen kann.

Diese Verbindung ist der Schlüssel – der Schlüssel für alles, was du dir wünschst. Der Schlüssel, um deine Seelenaufgabe zu erfüllen.

Der Schlüssel, um deine DNS vollständig zu aktivieren.

Der Schlüssel, um deine Sternenlicht-Codes vollständig zu reaktivieren. Und der Schlüssel, um die Erde in einen lichtvollen Planeten zu verwandeln.

Wäre jeder Mensch sich dieser Verbindung wieder bewusst, so bräuchtet ihr einander nicht zu bekriegen und

Neid oder Hass zu fühlen. Jeder wüsste, dass er alles direkt von der Quelle bekommt und es nicht mehr nötig ist, Energie oder Dinge von anderen zu nehmen.

Dadurch ist die Illusion aufgelöst, dass Ressourcen begrenzt sind und es niemals genug geben kann für alle.

Denn all das ist eine Illusion, in der ihr Menschen nun schon seit Jahrtausenden lebt.

Nun fragst du dich vielleicht:

»Wie soll ich diese Verbindung wieder aufbauen?«

Wir versprechen dir, dass es tausendmal einfacher ist, als du glaubst.

Denn im Grunde genommen braucht es dazu »nur« deine bewusste Willenserklärung.

Dann eilen wir sofort herbei, denn wir können es kaum erwarten, möglichst vielen Lichtseelen wie dir dabei zu helfen, ihre Verbindung wieder aufzubauen und zu spüren – denn dies ist unsere Aufgabe.

Mit »uns« meinen wir in diesem Fall all die Lichtwesen, die gekommen sind, um der Menschheit zu helfen, diesen Entwicklungsschritt zurück zum Licht möglichst friedlich zu gestalten und zu gehen.

Wir laden dich daher nun ein, die folgenden Worte in dieser oder ähnlicher Form nachzusprechen oder aufzuschreiben.

Sei dir bewusst, dass sie stärker wirken, wenn du sie nicht nur vor dich hindenkst, sondern wirklich laut aussprichst (oder zumindest niederschreibst), denn auf beiden Wegen werden sie ein Stück materieller, als wenn sie nur in deinem Kopf existieren.

Fühle dich frei, diese Worte umzuformulieren auf eine Art und Weise, die sich für deine Seele und dein Herz richtig anfühlt:

»Ich bin frei, alles zu tun und alles zu erleben, was ich möchte.

Ich bin reiner Lichtkanal zwischen Himmel, zwischen Kosmos und Gaia.

Ich bin angebunden an die ewige Ur-Quelle allen Seins, die mich immer mit allem versorgt, was mein Körper und meine Seele brauchen – auf allen Ebenen.

Ich bin immer verbunden mit der Ur-Quelle allen Seins, die über unendliche Lichtkräfte verfügt und mich mit allem versorgt, was meine Seele sich aus tiefstem Herzen wünscht.

Ich habe das Recht, groß zu träumen.

Ich habe das Recht, große und viele Herzenswünsche in mir zu tragen und mir zu wünschen, denn meine Seele verdient es, glücklich zu sein.

Mein Herz ist der Botschafter meiner Seele.

Ich kann mir daher gewiss sein, dass ich, solange ich auf die Botschaften und Wünsche meines Her-

zens höre, immer auf dem richtigen Weg bin und immer verbunden bleibe.

Ich kann darauf vertrauen, dass alle meine Herzenswünsche zum idealen Zeitpunkt für mich erlebbar und fühlbar werden, Teil meiner Realität sind.

Denn dies erfüllt die Urschöpfung mit größter Freude, mir meine Herzenswünsche in Erfüllung gehen zu lassen und mir alles zu schenken, wonach mein Herz sich sehnt.«

Bitte gönne dir nach dieser kraftvollen Aktivierung ein paar Minuten Ruhe, bevor du weiterliest.

»Aber was, wenn meine Wünsche zu materiell, zu egoistisch sind?«, fragst du dich vielleicht?

Wenn ihr schon erwacht seid, bewusster seid, habt ihr oft Sorge, dass eure Wünsche zu materiell sind.

Doch vergiss nicht, dass es zur Erfahrung in der Materie gehört, sich auch materielle Wünsche zu erfüllen und materielle Dinge zu manifestieren.

Gerade dies ist eines der größten Wunder der Schöpfung. Daher laden wir dich ein, deine scheinbar »egoistischen« Wünsche in deinem Herzen zu prüfen – und wenn sie Teil deines Herzens sind, sie dir dann mit ganzer Kraft zu wünschen. Denn dann sind sie Teil deines Seelenweges und helfen dir, deine wahre Erfüllung zu finden und noch glücklicher zu sein.

Auch wenn du sie natürlich nicht bräuchtest, um glücklich zu sein, erfüllt es doch deine Seele mit größter Freude, sie Realität werden zu lassen und sie »in echt«, in der Materie, manifestieren zu können, um sie zu erleben.

Wichtig:
Sollten deine Wünsche andere Seelen berühren, so achte immer darauf, niemandem deinen Willen aufzuzwingen. Betrachte die Seelen, die Teil deines Wunsches sind, entweder neutral (nach dem Motto *»Ich lasse mich überraschen, welche Seele diesen Platz erfüllt.«)* oder frage diejenige Seele, mit der du gemeinsam etwas erleben möchtest, um ihr Einverständnis.

Wir verstehen, dass du vielleicht (unbewusst)große Angst hast vor diesen Veränderungsprozessen.

Denn sobald du dein wahres Licht erkennst, deine wahre Machtquelle erkennst und dich wieder mit ihr verbindest, wirst du in diesem Moment anders sein. Du wirst herausfallen aus der Normalität und dich auch so anders fühlen, dass es dir nicht immer leichtfallen wird, mit den Menschen in deiner Umgebung weiter so umzugehen wie zuvor.

Dies ist Teil deines Weges, Teil der Aufgabe, ein Pionier zu sein.

Menschen wie du müssen den Mut finden, der neuen Vision der Menschheit, der »Licht-Erde«, den Weg zu ebnen.

Es hat immer Pioniere gebraucht, die mutig genug waren, die ersten Schritte zu gehen.

Menschen, die mutig genug waren, anders zu sein und die Realität, die für die Norm gehalten wird, infrage zu stellen.

Und nun ist es Teil deiner Aufgabe, genau eine dieser Pionierinnen zu sein. Sei dir gewiss, dass du nicht alleine bist auf deinem Weg. Dennoch bist du dort, wo du bist, wo du lebst, wo du jetzt heute im Hier und Jetzt bist, die Pionierin, die wichtig ist für diesen Ort, um hier den Weg zu ebnen.

Denn wir brauchen auf der ganzen Erde Lichtseelen, die bereit sind, diesen Lichtbahnen den Weg zu ebnen, sodass diese neue Quanten-Dimension nun auch überschwappen kann auf die Menschen, die sich noch weigern, sie als Realität anzuerkennen. So betrachte dies als deine Aufgabe, Pionier zu sein, um Lichtbahnen den Weg zu ebnen.

So seid ihr Teil eines lebendigen Lichtgitternetzes, das aus vielen Lichtseelen besteht, die im Moment auf der Erde wandeln.

Ihr habt die Aufgabe, diese hohen Lichtfrequenzen durch euch fließen zu lassen und durch euch ins Lichtgitternetz der Erde hineinströmen zu lassen und so der neuen Licht-Erde und der Menschheit den Weg zu bahnen. So erinnern sich mehr und mehr Menschen an diese Lichtfrequenzen und an diese Urverbindung – und können sich so wieder mit der Licht-Quelle verbinden.

Wir werden nun mehr und mehr Menschen aufwecken, erinnern an ihr wahres Wesen. Doch wir brauchen auch dich und deine Mitarbeit als Pionier:

Denn da du als Mensch im Moment auf der Erde inkarniert bist, verfügst du über ein anderes Kraftpotenzial, anderen Menschen das Licht zu zeigen und es ihnen zugänglich zu machen, als es uns aus der Lichtebene möglich ist.

Unsere Möglichkeiten beschränken sich eher auf Menschen, die uns bereits wahrnehmen können, die den Kontakt mit uns suchen, so wie du, die oder der du dieses Buch in Händen hältst (oder mit deinen Ohren wahrnimmst).

Du hast die bewusste Entscheidung getroffen, mit uns in Kontakt zu treten – und so können wir über die Form dieses Buches (oder dieses Hörbuches) mit dir sprechen.

Doch viele Menschen sind nicht bereit, uns anzuerkennen. Sie verteufeln uns, sie haben Angst vor uns. Sie haben so negative Erlebnisse mit den spirituellen Ebenen gemacht oder sind so weit davon entfernt, dass sie so stark an uns zweifeln, dass sie uns nicht Teil ihrer Wahrnehmung sein lassen.

Und so brauchen wir Menschen wie dich. Menschen, die von anderen Menschen gesehen werden, denn du bist sicherlich von deiner Umgebung als Mensch und als Wesen anerkannt ☺.

Wir können uns nicht vorstellen, dass deine Nachbarn dich ignorieren und so tun, als ob es dich nicht gäbe – sondern ihnen ist durchaus bewusst, dass du lebst und dass du da bist ☺.

Indem du nun deinen Lichtkörper mehr und mehr aktivierst, die Verbindung zur wahren Ur-Quelle mehr und mehr intensivierst und wieder »anschaltest«, die bewusste Verbindung wieder aufbaust und die Lichtenergie durch dich fließen lässt, werden auch die Menschen um dich herum irgendwann das Licht in dir nicht mehr länger ignorieren können.

Zu Beginn werden sie vielleicht ablehnend sein und dich für verrückt erklären oder für eine Spinnerin. Wir weisen dich darauf hin, dass dies einfach Teil deines Weges ist und du gerne darüber lächeln darfst.

Doch irgendwann, je mehr Menschen sich an die Lichtfrequenzen erinnern, desto weniger werden sie das Licht ignorieren können. Und je mehr Menschen aufgeweckt werden, desto leichter wird es, noch mehr Menschen zu erwecken und sich erinnern zu lassen. Und so wird das Leuchtfeuer an Lichtseelen immer größer und die Transformation immer schneller. Wie eine Welle, die sich ausbreitet, stärker und stärker wird, bis irgendwann nur noch Licht übrig bleibt.

Du bist sozusagen der Beginn dieser Welle und deshalb ist es wirklich essenziell, dass du diese Aufgabe annimmst, jetzt Licht-Pionier zu sein.

Was bedeutet es nun konkret, Licht-Pionierin oder Licht-Pionier zu sein?

Es bedeutet, dass du dir der Verbindung zur Quelle auf deine ganz eigene, individuelle Art und Weise bewusst bist und dich möglichst täglich (oder mehrmals täglich) bewusst mit der Quelle verbindest – egal, ob du diese Quelle Ur-Kraft nennst oder Schöpfung oder Gott oder Sophia oder Lichtkraft – das spielt überhaupt gar keine Rolle.

Wichtig ist, dass du dich mit der Quelle auf *deine Art und Weise verbindest*, dir vorstellst, wie das Licht durch dich fließt und durch dich, durch deine Chakras, in die Erde hineinfließt. Und so bist du Lichtkanal zwischen Kosmos und Gaia, so bist du Licht-Pionierin, so beginnt dein Lichtkörper sich zu aktivieren und mehr und mehr zu leuchten.

Hierbei unterstützt dich auch die Meditation *Licht-Kanal-Aktivierung*.

Du findest sie gratis hier: sarahcartsburg.de/buch

Und je mehr deine Zirbeldrüse sich aktiviert, desto mehr Details zu deinen weiteren Aufgaben wirst du empfangen, desto mehr Klarheit wirst du bekommen.

Doch dieses Licht-Pionier-Sein und diese Lichtverbindung spüren – dies ist der Anfang, dies ist der Schlüssel. Alles Weitere wird sich entwickeln zum perfekten Zeitpunkt.

Spüre dieses Lichtkanal-Sein. Spüre, dass du die Verbindung bist zwischen Himmel und Erde.

Wir laden dich ein, dich für die Möglichkeit zu öffnen, dich mit anderen Lichtseelen, die auch dieses Licht-Pionier-

Sein verkörpern, zu verbinden, indem du dich mit ihnen auf energetischer Ebene in Meditationen oder in echten Zusammenkünften triffst und zusammentust.

Denn wenn ihr gemeinsam diesen Lichtkanal spürt, aufbaut und intensiviert, so wird er tausendfach stärker und potenziert sich mit unendlich starker Lichtkraft. Und je mehr von euch zusammenkommen, um diesen Lichtkanal zu spüren, desto stärker werden eure gemeinsamen Lichtkräfte *und* eure individuellen Lichtkräfte sein.

So laden wir dich ein, Veranstaltungen zu besuchen oder Veranstaltungen zu initiieren, um Lichtseelen auf diese Art und Weise zusammenzubringen und euren Lichtkanal gemeinsam zu spüren. Dies hilft auch dabei, euch nicht alleine zu fühlen und wirkt auch dem Gefühl entgegen, ein totaler Außenseiter, Spinner oder völlig verrückt geworden zu sein ☺.

Denn es gehört zur menschlichen Biologie, sich als Teil einer Gemeinschaft fühlen zu wollen. Und so passen wir uns immer an die Gemeinschaft an, in der wir uns befinden.

Als Mensch ist es wichtig, diesen Teil deiner Biologie nicht einfach zu ignorieren, denn als menschliches Wesen bist du Teil davon, da du einen menschlichen Körper hast. Doch es ist möglich, dir diese Biologie zunutze zu machen und dich mit Gruppen zu verbinden, die ihre Lichtkräfte bereits stark aktiviert haben.

Durch die Mechanismen in dir, dich immer anpassen zu wollen an die Gruppe, in der du dich befindest, wird auch deine Lichtkraft automatisch stärker, wenn du dich mit Lichtseelen umgibst, die ihre Lichtkraft schon stark aktiviert haben. Deshalb suche die Nähe von Gleichgesinnten. Suche die Nähe von Menschen, die ihre Lichtkraft genauso wichtig nehmen wie du, die ihre Lichtkraft und ihre Verbindung zum Licht als essenziell erachten, die sich als Licht-Pioniere fühlen.

Damit meinen wir nicht, dass du dich überheblich und besser fühlen sollst als andere Menschen – darum geht es hier nicht. Es geht einfach darum, dass du schon ein Stückchen weiter bist, im Sinne von: Deine Wahrnehmungskanäle sind etwas weiter geöffnet. Und daher kannst du diese Lichtkräfte anerkennen als etwas Wahres und Echtes und den Rest als Illusion entlarven, in der der Großteil der Menschheit noch gefangen ist.

Doch du wirst sehen, über die nächsten Jahre und Jahrzehnte wird es vieeeeeeel leichter als Lichtmensch hier auf der Erde, denn so viele Lichtseelen werden erwachen und sich erinnern. Es werden sich so viele Wege auftun für Menschen, sich mit dem Licht zu verbinden, die du dir jetzt zum Teil noch nicht mal vorstellen kannst. Viele unterschiedliche Möglichkeiten und Wege, die für die einzelnen Seelen passend sind, die doch alle dem einen Ziel dienen – sich wieder mit dem Licht zu verbinden und seine wahre Lichtkraft, seine wahre Seelenlichtkraft zu spüren.

Wir laden dich daher ein, die Meditation aus Kapitel 1 *Aktiviere Deine Kosmischen Ressourcen* regelmäßig zu praktizieren, denn diese Meditation hilft dir dabei, diesen Verbindungskanal immer wieder aufs Neue zu intensivieren, zu spüren, zu verstärken und zu aktivieren.

So wird dein Chakra-System im Laufe der Zeit zu einem wirbelnden Regenbogenkanal, der dazu dient, Lichtfrequenzen in verschiedene Schwingungsfrequenzen zu übersetzen, wodurch dir verschiedene Erlebnisse hier auf der Erde ermöglicht werden.

Wir wissen, dass dies alles noch ein bisschen weit hergeholt (und möglicherweise auch überesoterisch ☺) klingt – doch wir laden dich ein, diese Worte einfach auf dich wirken zu lassen. Denn egal, ob du dich bewusst dagegen wehrst oder diese Worte für wahr hältst, erwecken diese Worte, die du hier liest (oder hörst), bewusste Erinnerungen in deinem Zellsystem.

Sie erinnern dich auf tiefer Ebene an dein wahres Wesen, sie erinnern dich daran, wer du in Wirklichkeit bist und wer du sein kannst.

Wir möchten dir nun gerne mehr darüber verraten, wer wir, die wir dieses Buch channeln, in Wirklichkeit sind, wenn du bereit bist, unsere Geschichte zu hören.

KAPITEL 4

Über das Licht-Kollektiv, das dieses Buch übermittelt hat

Dieses Kapitel ist nur für diejenigen Menschen bestimmt, die sich für die Hintergründe dieses Buches interessieren.

Wenn es dir nur um deine persönliche Entwicklung geht und du keinerlei Notwendigkeit siehst, deinen Verstand zu befriedigen und die Hintergründe dieses Buches zu verstehen, so darfst du dieses Kapitel gerne einfach überspringen. Wenn du jedoch deinem Verstand eine Erklärung für all dies liefern möchtest, dann lies (oder höre) gerne weiter.

Wir sind ein Licht-Kollektiv aus verschiedenen Lichtwesen, das es sich zur Aufgabe gemacht hat, die Menschheit bei ihrem Erwachens-, Erleuchtungs-, Erinnerungs- und Seelen-Aktivierungsprozess zu unterstützen.

Wir sind ein Kollektiv aus 20 unterschiedlichen Lichtseelen aus verschiedenen Dimensionen und Universen und so vereinen wir ganz unterschiedliche Qualitäten und ganz unterschiedliche Erinnerungen in uns.

Um dieses multidimensionale Buch in seiner Ganzheit zu übermitteln, haben wir mehrere Medien auf der Erde ausgewählt und begonnen, sie auszubilden und mit ihnen zusammenzuarbeiten. Dies ist daher nur ein Buch des vollständigen Werkes, welches noch durch andere Medien zu anderen Zeitpunkten und an anderen Orten dieser Welt übermittelt wird.

Es ist für dich von keinerlei Notwendigkeit, dich mit der Frage zu beschäftigen, wer diese anderen Medien sind, wie diese anderen Bücher heißen oder in welcher Sprache sie gechannelt sind.

Du hältst dieses Buch in Händen, weil es dieses Buch ist, das deine Seele braucht, um sich zu erinnern. Die anderen Bücher, die Teil dieses multidimensionalen Werkes sind, sind für deine Seele nicht von Relevanz – außer, wenn sie dir zufällig in die Hände fallen. Doch du musst nicht bewusst danach suchen.

Dieses Buch beinhaltet alles, was du brauchst, um dich bewusst zu erinnern und deine ureigenen Sternenlicht-Codes zu reaktivieren. Wir sagen *reaktivieren,* denn du weißt längst, wie es sich anfühlt, wenn sie aktiv sind – du brauchst dich nur daran zu erinnern. Und das ist einfacher, als du glaubst.

Wir haben Sarah als Medium für dieses Buch ausgewählt, da sie viel Erfahrung hat als Medium in verschiedenen Zeiten, verschiedenen Kulturen und verschiedenen Dimensionen. Sie verfügt außerdem über die Fähigkeit, auf flexible Art und Weise mit unterschiedlichen Frequenzen und Wesen in den Austausch, in den Kontakt zu treten.

Einige Medien sind darauf spezialisiert, einen sehr intensiven Kontakt mit einem bestimmten Wesen aufzubauen, was wir durchaus auch honorieren und respektieren – und was seine absolute Berechtigung hier auf der Erde hat. Doch für dieses Buch war es uns wichtig, ein Medium auszuwählen, das in der Lage ist, verschiedene Zeitfrequenzen, verschiedene Lichtfrequenzen und verschiedene Energiefrequenzen so neutral wie möglich zu übermitteln.

Da Sarah viel Erfahrung gesammelt hat in anderen Dimensionen und in anderen Zeitlinien und bei vielen wichtigen Ereignissen auf der Erde in physischer Form anwesend war, erschien sie uns geeignet, dieses Buch durch sie zu übermitteln. Außerdem hat Sarah sich dazu bereit erklärt, dieses Buch zu channeln. Das ist von essenzieller Bedeutung, da Bücher wie dieses zu channeln einen großen Raum einnimmt im Leben des jeweiligen Mediums.

Da dieses Buch bewusst gedacht war, um Menschen im westlichen Kulturkreis und zunächst im deutschsprachigen Raum (später auch im internationalen Raum) zu erreichen, haben wir natürlich ein Medium ausgewählt, das in diesem Kulturkreis groß geworden ist und daher die Sprache dieses Kulturkreises auch auf emotionaler und mentaler Ebene sprechen und verstehen kann. Denn ein Medium kann immer nur dann verstanden werden, wenn es nahe genug an dem jeweiligen Kulturkreis dran ist, für den es zuständig ist. Und so werden die anderen multidimensionalen Aspekte dieses Buches zum Teil in komplett anderen Kulturkreisen auf ganz andere Art und Weise vermittelt.

Um dieses Buch in seiner Tiefe zu verstehen und zu integrieren und deinen Lichtkörper-Aktivierungsprozess zu intensivieren, laden wir dich auch ein, mit bestimmten Symbolen aus der Heiligen Geometrie zu wirken, die wir noch übermitteln werden. Für diese Aufgabe hat sich Metatron zur Verfügung gestellt. Wobei *zur Verfügung gestellt* die falsche Bezeichnung ist, denn Metatron macht diese Aufgabe sehr gerne. Daher übergeben wir nun das Wort an Metatron aus unserem Kollektiv:

✶

»Ich grüße dich, geliebte Lichtseele, geliebtes Kind des Lichts. Ich bin gekommen, um dich in der Form der heiligen Geometrie zu unterrichten, die dir dabei hilft, bestimmte Aspekte deines Lichtkörpers zu aktivieren und Lichtfelder auf der Erde aufzubauen an den Orten, wo du dich befindest – und für die Orte, für die du energetisch gesehen und geografisch gesehen zuständig bist.

Ich habe bereits vor einiger Zeit begonnen, Sarah auszubilden und in heiliger Geometrie zu unterrichten, sodass sie vorbereitet ist auf das, was nun ihre Aufgabe ist, zu übermitteln in diesem heiligen Werk, das aus mehreren Bänden bestehen wird.

Ich verstehe, dass es zu Beginn für viele von euch schwierig sein wird, sich diese heiligen geometrischen Muster vorzustellen und sie zu visualisieren bzw. mit eurem inneren Auge zu sehen.

Bitte verstehe, dass dies ein Prozess ist – und, dass ich extra Sarah ausgewählt habe, dir diesen Prozess zu übermitteln, da auch Sarah früher Schwierigkeiten hatte, geometrische Formen zu sehen.

Sarah ist nicht wie manche anderen Medien bereits mit einem hellsichtigen Auge, wie man so schön sagt, oder einer hellsichtigen Gabe auf die Welt gekommen in dieser Inkarnation. Im Gegenteil – Sarahs Hellsinne waren zumindest auf visueller Ebene sehr schwach ausgebildet, wenn nicht gar non-existent. So erschien uns Sarah als geeignetes Medium, dir die Fähigkeit zu übermitteln, geometrische Symbole zu visualisieren und dir vorzustellen, da auch sie selbst es lernen musste, anstatt es von Geburt an in die Wiege gelegt bekommen zu haben, wie manch anderes Medium.

Daher sei versichert: Wann immer dir eine Übung, eine Meditation oder eine Visualisierung zu schwierig erscheint, vertraue auf deine Seele und deinen ganz ureigenen Entwicklungsprozess, der in seiner eigenen Zeit verläuft.

Zum richtigen Zeitpunkt wird deine Zirbeldrüse aktiviert genug sein, um sich die Dinge so vorzustellen, wie du es möchtest und wie es Teil deiner Seelenaufgabe ist. Und bis dahin arbeite einfach mit leichteren Lichtsymbolen, wie z.B. einer Kugel, um dich an die Visualisierungsprozesse zu gewöhnen.

Außerdem laden wir dich ein, täglich Licht in deine Zirbeldrüse hineinströmen zu lassen, um die

Aktivierung deiner Zirbeldrüse zu beschleunigen. ***Deine Zirbeldrüse ist der Schlüssel, um Lichtfrequenzen sehen und empfangen zu können*** *und daher extrem hilfreich, um hier auf der Erde mit Lichtfrequenzen zu arbeiten.«*

ZIRBELDRÜSE

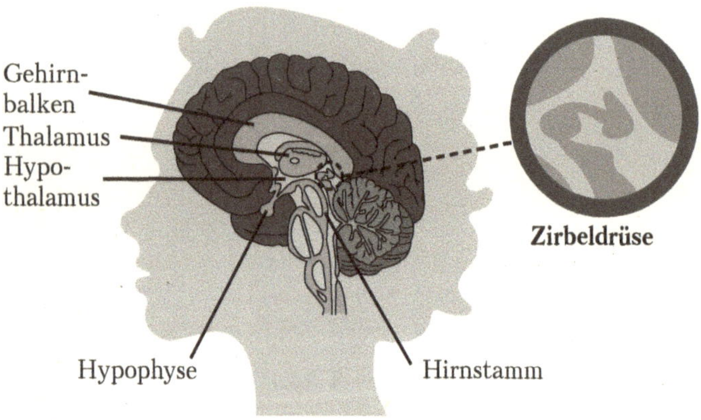

Wir möchten nun mit einer ganz einfachen Visualisierung beginnen, die du von jetzt an täglich machen kannst, wenn du möchtest. Solltest du nicht täglich dafür Zeit finden, dann zumindest so oft, wie es dir möglich ist.

Diese Meditation heißt:

Licht-Kugel (mit Metatron)

Du findest sie gratis hier: sarahcartsburg.de/buch

Wir möchten, dass du verstehst, dass diese Meditation nur der Beginn ist, um deine Visualisierungskraft wieder voll und ganz zu entfalten. Der Beginn davon, dass du geometrische Formen visualisieren, manifestieren und auf der Erde verankern kannst, ist eine aktivierte Zirbeldrüse sowie ein lichtdurchflutetes Nervensystem. Dadurch bekommst du die Möglichkeit, Lichtfrequenzen zu empfangen und auszusenden – deshalb haben wir mit dieser Übung begonnen.

Mach diese Meditation so oft, wie es sich richtig anfühlt für dich, bevor du zur nächsten Meditation übergehst.

WICHTIG: Diese Meditation ist die Basis für die Folge-Meditationen aus diesem Buch. Bitte vertraue uns, und höre sie dir wirklich an, bevor du weiterliest – auch wenn du »keine Lust« hast zu meditieren ☺.

Die Amygdala (Teil deines Gehirns und Teil dieser Meditation) auch mit Licht zu fluten, ist ein wichtiger Aspekt, um Ur-Traumata aufzulösen, die du in deinem Zellgedächtnis trägst.

Diese Ur-Traumata halten dich im Angst- oder Fluchtmechanismus gefangen – und behindern dich dadurch, der Ur-Quelle vollständig zu vertrauen.

Tipp: Letztendlich ist es nicht notwendig, dir die Gehirnregionen, wie z.B. Zirbeldrüse und Amygdala, genau lokalisiert vorstellen zu können. Es geht darum, dein Gehirn mit Licht zu fluten, das ist das Wichtigste.

KAPITEL 5

So wirst du zum stabilen Lichtkanal – für dich und für die ganze Menschheit

Das Wichtigste in diesem Kapitel ist die Meditation *Licht-Kanal-Aktivierung*.*

Was nun folgt, ist eine Erklärung, warum diese Meditation so wichtig ist und wie sie dazu beiträgt, deine Lichtfrequenz zu erhöhen – und die der ganzen Menschheit:

»Atme Licht ein und aus« – dieser Satz klingt vielleicht banal, ist aber ein Schlüssel, um deine Licht-Zellen-Codes wieder zu reaktivieren und immer mit der Quelle des Lichts in Verbindung zu sein.

Denn indem du bewusst Licht ein- und ausatmest, klinkst du dich bewusst in die aktuellen Lichtfrequenzen der Erde ein.

Es ist ein bisschen wie bei einem Radiosender:

Je nachdem, worauf du dich einstimmst, wo du dich »einklinkst«, sind das die Frequenzen, die du empfangen und aus-

* Du findest den Link zu allen Meditation am Ende des Buches.

senden kannst. Und indem du dich bewusst in die Lichtfrequenzen einklinkst, wirst du zu einem Empfänger und Sender des Lichts, zu einem Verstärker des Lichts.

Denn dadurch, dass du über deinen Körper in der Materie verankert bist, kannst du diesen Lichtfrequenzen eine neue Form schenken und dadurch quasi »materielles Licht« auf der Erde erschaffen.

Wenn du Lichtfrequenzen ein- und ausatmest, während du z.B. ein Essen zubereitest, fließt dieses Licht in dieses Essen hinein und du erschaffst somit ein Lichtmahl. All die Menschen, die dieses Essen später zu sich nehmen, werden so auch verbunden und erinnert an ihre ureigene Verbindung zum Licht.

Du kennst das vielleicht schon. Wenn ein Essen mit Liebe gekocht wurde, dann spürt man das einfach.

Mit den Lichtfrequenzen Licht in die Materie zu lenken, ist genau das gleiche Prinzip – nur, dass du dieses Licht in alles, was du tust, hineinlenken kannst und nicht nur in eine Mahlzeit, die du zubereitest. Sondern du kannst jede einzelne Tätigkeit und alles, was du erschaffst/kreierst mit Licht auffüllen, indem du, während du es tust, mit dem Licht in Verbindung bist und aus dem Licht heraus intuitiv arbeitest, erschaffst oder die Dinge in deinem Alltag erledigst.

In Indien ist dies schon lange unter dem Begriff des Bhakti Yoga (= Yoga der Hingabe) bekannt, doch es geht um viel mehr als »nur« die Hingabe, mit der du etwas tust. Es geht wirklich um diese Verbindung zum Licht, zu den Ur-Lichtfrequenzen.

Sei versichert, dass deine Intention ausreichend ist, auch wenn du manchmal nicht sicher bist, ob dein Lichtkanal zu 100 Prozent aktiv ist.

Das Entscheidende ist deine Intention, dass du mit dem Licht verbunden sein möchtest.

Je öfter du die Meditation in diesem Kapitel wiederholst, desto stärker wird deine Verbindung zum Licht werden und irgendwann so intensiv sein, dass die Meditation überflüssig werden wird. Dann wird deine Lichtverbindung so stark sein, dass sie immer aktiv ist. Egal, ob du gerade daran denkst oder nicht, und egal, welcher Tätigkeit du nachgehst.

Es ist diese Lichtverbindung, die die Licht-Erde erschaffen wird.

Über diese Lichtverbindung werdet ihr starke, große, kollektive Felder des Lichts erschaffen und damit auch die Menschen mit in die Lichtfelder hineinnehmen, die sich ihrer eigenen Lichtverbindung noch nicht bewusst sind. Jene Menschen, die sie so vollständig vergessen haben, dass sie sich weigern, sie zu akzeptieren.

Es geht nicht darum, andere Leute zu konvertieren und ihnen deinen Glauben aufzuzwingen. Es geht darum, dass du ein lebendiges Beispiel, ein lebendiges Vorbild bist, indem du das Licht verkörperst – und alleine dadurch entsteht die Veränderung, die nötig ist auf der Erde.

Die Menschen, die weit genug sind, werden dann ganz von alleine auf dich zukommen und dich fragen, was du getan hast, wieso du dich so verändert hast, warum du so viel glücklicher und gelassener wirkst.

Wenn genug Menschen von selber diese Lichtverbindung reaktivieren, sich daran erinnern, dann kann der Shift auf der Erde passieren. Und dann werden alle anderen Menschen, die sich noch weigern, sich daran zu erinnern, einfach von dieser Licht-Quelle miterfasst und automatisch ans Licht angebunden. Denn auch sie wollen ein Teil der Mehrheit sein, so wie es in der menschlichen Biologie verankert ist.

Und wenn die Mehrheit mit dem Licht verbunden ist, dann kann sich auch der Rest wieder mit dem Licht verbinden. So simpel ist das.

Dennoch erscheint es euch Menschen so komplex, so unerreichbar. Doch seid versichert, die Zeit ist nah. Es wird nicht mehr lange dauern, bis dieser Zeitpunkt erreicht ist. Und du kannst einen extrem wichtigen Beitrag dazu leisten, indem du dich täglich an deine Lichtverbindung erinnerst und weiter Licht ein- und ausatmest und dich in allem, was du tust, auf das Licht fokussierst.

Verzweifle nicht. Die Rettung der Erde ist nah, denn sobald sich genug Seelen erinnern, wird das Lichtfeld auf der Erde so stark werden, dass für nichts anderes mehr Platz ist.

Tipp: Lasse die folgenden Worte auf dich wirken, und lies sie wirklich langsam und bewusst:

»Atme ein und aus.

Lege die Hände auf dein Herz. Mach dir bewusst, dass du ein wichtiges Lichtwesen bist, eine Pionierin des Lichts, das hier eine wichtige Aufgabe zu erfüllen hat.

Spür die Freude all der Lichtwesen um dich herum, dass du dich endlich erinnert hast. Wir sind Licht.

Wir sind gekommen, um dich an dein Licht zu erinnern, denn auch du bist Teil von uns. Und wir sind Teil von dir.

Wir sind alle verbunden. Wir sind alle eins.

Und es ist Zeit, dass wir uns daran erinnern. Es ist Zeit, aufzuwachen.

Es ist Zeit, uns zu erinnern, dass wir die eine Menschheit sind.

Dass wir über das Licht und über unsere Herzen global verbunden sind. Dass nichts und niemand von uns alleine existiert.

Dass wir alle miteinander verknüpft und verbunden sind – und deshalb ist alles, was du tust, denkst oder fühlst von großer Relevanz, auch wenn es scheinbar keine Auswirkungen zu haben scheint.

So ist doch jeder einzelne Lichtgedanke, jeder Licht-Impuls, den du aussendest, eine Information, die ins kollektive Feld übergeht und dort eine Wirkung hat.

Genauso ist es mit Angstgedanken. Deshalb laden wir dich ein, dich so oft wie möglich an dein Licht zu erinnern, Frieden zu fühlen, Freude zu erleben, Licht zu sein. Denn all dies überträgt sich in das Kollektiv der Menschheit. All dies trägt dazu bei, dass das Kollektiv der Menschheit immer lichter und lichter wird, feinstofflicher wird, hochfrequenter wird, lichtvoller wird.

Die neue Erde ist nah, näher als du denkst.«

Bitte lass diese Worte die du gerade gelesen hast einige Minuten (oder auch länger) auf dich wirken, bevor du weiter liest.

Wenn wir wieder mit einer Parabel kommen dürfen, ist die neue Erde nur noch wenige Zentimeter von euch entfernt sozusagen. Sie ist so nah, dass viele von euch schon in der neuen Realität leben, während sie mit einem Bein noch in der alten Erde sind – oder hin- und herspringen.

Dies passiert zum Beispiel, wenn du in der Meditation ein lichtvolles, bewusstseinserweiterndes Erlebnis hast.

In diesem Moment befindest du dich in der neuen Erde, in der neuen Realität.

Und dann geschieht vielleicht irgendetwas, das dich zurückreißt in die alte Erde, in dein altes Sein. Dann beginnst du, dich zu fragen und an dir zu zweifeln, ob dieses andere Erlebnis überhaupt real war. Doch sei versichert, beide Erlebnisse sind real.

Es ist völlig normal in dieser Zeit des Übergangs, dass du hin- und herwechselst zwischen der neuen Realität und der alten Realität. Du wirst immer wieder hin- und herspringen, bis du mehr und mehr Zeit in der neuen Realität verbringst und dich dort vollständig verankerst. Durch dieses Hin- und Herspringen bringst du das Bewusstsein der neuen Realität auch zu Menschen, die noch in der alten Realität gefangen sind. Daher ist dieses Hin- und Herspringen ein wichtiger Teil deines Pionierseins, deines Weges – denn so verweben sich die Lichtfrequenzen mehr und mehr miteinander.

So verweben sich die alte Realität und die neue Realität miteinander, kommen sich immer näher, bis das Licht und die neue Realität sich irgendwann vollständig ausbreiten können auf der Erde, durch alle Dimensionen, Zeiten und Räume hindurch.

So oder besser zum höchsten Wohle des großen Ganzen sei es Jetzt.

Neues Erd-Manifesto

Ich bin das Neue Erd-Manifesto. Ich bin Teil der neuen Realität.

Ich bin Teil der Gruppe von Menschen, die die Licht-Erde hier verankern.

Ich bin Licht.
Ich bin Kanal für das Licht.

Ich übernehme die Verantwortung dafür, mich täglich mit dem Licht zu verbinden und Lichtkanal zu sein. Ich atme Lichtfrequenzen ein und aus.
Ich bin ein lebendiger Kanal für das Licht.

Ich verwurzele mich mit der Erde in der 5. Dimension, um so die Verbindung zu schaffen zwischen der alten und der neuen Erde.
Ich bin ein Kind des Lichts. Ich bin Teil eines großen Licht-Kollektivs, das sich zusammengetan hat, um die neue Licht-Erde hier vollständig und dauerhaft zu verankern.
Jetzt bin ich Licht.

Ich atme Licht ein und aus.

Ich empfehle dir, dieses Neue Erd-Manifesto auszudrucken und irgendwo gut sichtbar hinzuhängen, um dich täglich daran zu erinnern.

Du findest das Neue Erd-Manifesto in einem schönen Design zum Downloaden gratis hier:

sarahcartsburg.de/buch-bonuspaket

KAPITEL 6

Dein Wahrnehmungskanal

Das, was ein Mensch wahrnehmen kann, hängt von der Weite und der Frequenz seines Wahrnehmungskanals ab.

Was ist der Wahrnehmungskanal?

Dein Wahrnehmungskanal ist die Art und Weise, wie du die Welt wahrnimmst. Wie du die Welt erlebst, welche Sinne in dir besonders aktiv sind – und welche eher passiv. Dein Wahrnehmungskanal wird sehr stark geprägt von den Erfahrungen deiner Vergangenheit sowie von deinen Erinnerungen.

Deshalb ist die Arbeit mit Erinnerungsspeichern* so kraftvoll.

---

* Erinnerungsspeicher – übergeordneter Begriff für all die »Orte« (in und außerhalb von dir), wo Erinnerungen gespeichert sein können bzw. der Versuch, das multidimensionale Konstrukt zu beschreiben, wo alle Erinnerungen gespeichert sind. Nicht zu verwechseln mit der Akasha-Chronik – diese ist nur ein Erinnerungsspeicher von unzählig vielen verschiedenen.

Denn wenn du dich an vergangene Leben erinnerst, in denen du bereits bestimmte Fähigkeiten hattest, so öffnest du in diesem Moment die Möglichkeit in deinem Wahrnehmungskanal, diese Fähigkeiten auch in diesem Leben voll und ganz zu entfalten.

Wenn du in deiner Vergangenheit einschränkende Erfahrungen (oft auch als »negativ« bezeichnet) gemacht hast, so prägen diese Erfahrungen die Einschränkungen in deinem Wahrnehmungskanal.

Wenn du zum Beispiel in einem früheren Leben wegen deiner hellsichtigen Gaben gefoltert oder verbrannt wurdest und dabei unerträgliche Schmerzen erlebt hast, dann sind in deinem Wahrnehmungskanal hellsichtige Gaben höchstwahrscheinlich als etwas Negatives, Schmerzhaftes, Gefährliches eingeprägt worden.

Dadurch wirst du in diesem Leben Schwierigkeiten haben (oder sogar körperliche Schmerzen erleben), wann immer du übersinnliche und hellsinnige Erlebnisse oder Wahrnehmungen hast. In vielen Fällen führt diese Negativ-Prägung dazu, dass du die hellsinnigen/übersinnlichen Erlebnisse erst gar nicht bewusst mitbekommst, weil dein Unterbewusstsein dich sofort davor »schützt«.

Und so prägt uns sowohl unsere Vergangenheit als auch unsere Zukunft – denn Zeit ist nur scheinbar linear.

In Wirklichkeit ist Zeit multidimensional und alles existiert zugleich und bewegt sich in kreisenden Spiralen auf und ab und nebeneinander her.

Dies ist für den menschlichen Verstand extrem schwer zu begreifen, weshalb wir uns hier immer mit Bildern und Parabeln helfen müssen, um dir dieses Konzept möglichst verständlich zu machen und besser zu erklären.

Zeitlinien wechseln

Wir möchten dir ein Beispiel geben von einer Gegebenheit, die öfter geschieht, als dir vielleicht bewusst ist. Diese Gegebenheit nennt sich *Zeitlinien wechseln* und ist etwas, das gar nicht so selten geschieht, aber von den meisten Menschen nicht beachtet wird, weil die Hinweise oft so klein und subtil sind, dass man sie nicht bemerkt.

Was beim Zeitlinienwechsel geschieht, ist, dass du (oder eine andere Seele) bewusst oder unbewusst die Zeitlinie wechselt – und damit in einer Art Paralleldimension der momentanen Realität landet.

Dabei verläuft der Zeitlinienwechsel in der Regel so, dass sich nicht alles in deinem Leben verwandelt (obwohl dies auch passieren kann), sondern es geht eher um bestimmte Ereignisse, die in einer anderen Zeitlinie geschehen oder nicht geschehen sind, und die dadurch den Kurs deines gesamten Lebens beeinflussen können.

Wir geben dir ein möglichst weltliches Beispiel, damit du dies gut begreifen kannst:

Stell dir vor, in deiner jetzigen Zeitlinie, in der du dich jetzt befindest (also alles, was du jetzt für deine Realität hältst), hast du einen schweren Unfall gehabt, sagen wir einfach mal einen Skiunfall.

Dieser Unfall hat dein Knie verletzt und seit diesem Unfall hast du Schwierigkeiten mit deinem rechten Bein. Du hast Schmerzen beim Laufen, Schmerzen beim Stehen und deine Hüfte ist dadurch im Laufe der Jahre bzw. Jahrzehnte etwas schief geworden – und so hat dies vieles nach sich gezogen, was im Endeffekt alles mit diesem einen Skiunfall zusammenhängt.

Vielleicht hat dies sogar dazu geführt, dass du dich in die Krankenschwester verliebt, sie dann geheiratet und jetzt mit ihr fünf Kinder hast. (Nun, das ist ein weit hergeholtes Extrem, aber definitiv eine Möglichkeit ☺.)

In einer anderen Zeitlinie ist dieser Skiunfall nie passiert.

Du hast dich aus irgendeinem Grund in diesem Leben gegen den Skiurlaub entschieden, in dem dir der Unfall passiert wäre, und hast deshalb keine Knieverletzung. Du landest also nicht im Krankenhaus, die Krankenschwester und du verliebt euch nicht und du hast auch keine fünf Kinder mit ihr.

Stattdessen, da dein Körper gut funktioniert, fängst du einen bestimmten Sport an. Durch diesen Sport wirst du Teil einer Mannschaft. Irgendwann fragt dich dann dein bester Freund aus dieser Mannschaft, ob du mit ihm eine Weltreise machen willst – und auf dieser Weltreise lernst du eine andere Frau kennen, in die du dich verliebst, und wegen ihr ziehst du dann nach Portugal.

Du hättest also gleichzeitig in der einen Zeitlinie fünf Kinder mit der Krankenschwester und in der anderen Zeitlinie würdest du in Portugal leben und möglicherweise etwas völlig anderes arbeiten und vielleicht gar keine Kinder haben.

Dies sind nur zwei Möglichkeiten von ganz, ganz vielen, wie ein bestimmtes Ereignis bestimmte Dinge beeinflussen kann in deinem Leben.

Doch es ist ein bisschen komplexer und nicht ganz so »zufällig«, wie sich das jetzt vielleicht angehört hat.

Die wahre Bedeutung von Karma und Schicksal

Nun ist es so, dass es vielleicht in deinem Seelenplan aus irgendeinem Grund sehr wichtig war, diese Krankenschwester kennenzulernen.

Zum Beispiel, weil ihr schon vor diesem Leben eine Vereinbarung getroffen hattet, euch zu begegnen und gemeinsam eine Familie zu gründen. In diesem Fall hättest du, wenn du dich gegen den Skiurlaub entschieden hättest, entweder eine Knieverletzung durch irgendetwas anderes gehabt, um diese Krankenschwester kennenzulernen, oder du hättest sie durch einen verrückten Zufall irgendwo anders kennengelernt: auf einer Zugfahrt oder wo auch immer. Ihr hättet euch verliebt und Kinder bekommen – auch ohne den Skiunfall.

Das bedeutet, dass bestimmte Ereignisse in deinem Leben durchaus »karmisch« oder »Schicksal« sind. (Das ist der Begriff, den ihr dafür gerne verwendet.)

Obwohl wir diese Begriffe hier nur ungern verwenden, da sie sehr viele Assoziationen beinhalten, über die wir, die dieses Werk vermitteln, keinerlei Kontrolle haben, verwenden wir an dieser Stelle diese Worte, weil wir glauben, dass du einen bestimmten Bezug dazu hast. Wenn also etwas dein sogenanntes »Schicksal« ist, dann wird es unweigerlich passieren – auf die eine oder andere Art.

Andere Ereignisse wiederum stehen sozusagen noch frei im Feld – und es ist deiner Seele überlassen, ob sie diese Ereignisse in der jeweiligen Inkarnation erleben und manifestieren möchte – oder nicht.

Außerdem gibt es auch immer die Möglichkeit, deine Realität sozusagen »upzugraden«.

Was meinen wir damit?

Wenn du nun einen starken Entwicklungs-Shift machst, also eine sehr starke Veränderung in deiner Seelenentwicklung durchlebst (z.B. eine sehr starke Schwingungserhöhung), dann kann dies dazu führen, dass alte Verträge, die man auch Schicksal nennen könnte, sich sozusagen in Luft auflösen und non-existent werden, weil diese alten Verträge zu deiner alten Schwingungsfrequenz gehört haben.

Und in dem Moment, wo du in die neue Schwingungsfrequenz eintrittst – und dort auch dauerhaft bist –, sind die alten Verträge non-existent. Und dies kann eben auch zu einem sogenannten Zeitlinienwechsel führen.

Angenommen, du wärst in der Zeitlinie gewesen mit dem Unfall, der Knieverletzung und der Krankenschwester und hast vielleicht immer noch hin und wieder Schmerzen und Kniebeschwerden.

Und dann passiert irgendetwas, was deine Schwingungsfrequenz total »upgraded«, zum Beispiel durch die Meditationen in diesem Buch. Dann könnte es passieren, dass deine Schwingungsfrequenz sich so sehr upgraded, dass deine Seele auf einmal bemerkt, dass die Knieschmerzen nicht mehr nötig sind – weil du die Lektionen, die damit zusammenhängen (dich vielleicht mehr mit deinem Körper zu beschäftigen oder alternative Heilmethoden auszuprobieren), nun nicht mehr relevant sind für deine Seelenentwicklung, weil du den entscheidenden Schritt schon gegangen bist.

Denn die Knieverletzung hätte vielleicht letztendlich dazu geführt, dass du dich mit alternativen Heilmethoden auseinandergesetzt hast, weil die Schulmedizin nicht mehr helfen konnte. Und so hast du irgendwann eine Person kennengelernt, die dir dieses Buch empfohlen hat.

Nun, da du dieses Buch gelesen und die Krankenschwester kennengelernt hast, ist sozusagen die »Aufgabe deiner Knieverletzung« erfüllt.

Nun könnte sich deine Knieverletzung einfach in Nichts auflösen und von heute auf morgen könnten alle Schmerzen weg sein.*

Da dies für euch Menschen im Zellgedächtnis aber relativ schwer zu verwirklichen ist, weil du nun vielleicht seit 20 Jahren mit diesem Knieschmerz lebst und er so tief in dei-

* Dies ist natürlich kein Heilversprechen, sondern lediglich die persönliche Perspektive der Autorin. Dieses Buch ersetzt in keinster Weise einen Besuch beim Arzt, wenn du krank bist oder Schmerzen hast!

nem Zellgedächtnis eingeprägt ist, dass du ein Leben ohne Knieschmerzen schon gar nicht mehr für eine mögliche Realität hältst, gibt es den Trick, den deine Seele in diesem Fall dann vielleicht anwendet – die Zeitlinie zu wechseln.

Was in dem Fall passiert, ist, dass du, zum Beispiel während du schläfst, die Zeitlinie wechselst – und eines Morgens aufwachst in einer Paralleldimension, in der die Knieverletzung nie passiert ist.

Wir wissen, dass das, was nun folgt, vielleicht etwas verwirrend ist, und bitten dich trotzdem, mit voller Aufmerksamkeit dabeizubleiben.

In dieser Realität ist die Knieverletzung nie passiert.

Das bedeutet, du wachst auf und schaust deiner geliebten Frau in die Augen und erinnerst dich vielleicht daran, wie ihr euch in einem Café in Wien kennengelernt habt, als du dort beruflich unterwegs warst. (Die Erinnerung ans Krankenhaus gibt es hier nicht, denn du hattest den Unfall ja nicht – deshalb habt ihr euch in dieser Zeitlinie woanders getroffen.)

Du springst aus dem Bett voller Lebendigkeit und deine Beine funktionieren gut, denn du hast die Erfahrung, dass dein Knie schmerzt, gar nicht erst gemacht.

In dieser Realität wäre deine Frau vielleicht auch gar nicht Krankenschwester, sondern hätte irgendeinen anderen Beruf.

Das Entscheidende ist, dass du in der Regel in diesem Moment nicht mehr weißt, dass du in die Zeitlinie einer Paralleldimension gewechselt hast – denn in dieser Zeitlinie, in diesem Bewusstsein, hat das andere Leben mit der Knieverletzung nie existiert.

Deine Vergangenheit (die mit der Knieverletzung) ist in so einem Fall meist wie ausgelöscht aus deinem Gedächtnis oder fühlt sich an wie ein Traum, den du hattest.

Nur wenn du über sehr ausgeprägte hellsichtige/hellsinnige Fähigkeiten verfügst, bist du überhaupt in der Lage, diese unterschiedlichen Zeitlinien wahrzunehmen und vielleicht sogar bewusst zwischen ihnen hin- und herzuspringen.

Und in dieser Realität, in der die Knieverletzung nie passiert wäre, gäbe es auch tatsächlich keine Fotos über diesen Skiurlaub usw.

Diese Realitäten können nun unterschiedlich stark voneinander abweichen.

Wie gesagt, deine Frau könnte trotzdem Krankenschwester sein und ihr könntet euch einfach in einem anderen Szenario kennengelernt haben, oder sie könnte einen ganz anderen Beruf haben, ihr könntet in einer ganz anderen Stadt leben und vielleicht zwei Kinder haben statt fünf.

Was wir damit sagen wollen, ist, dass es sehr viele Zeitlinien gibt und für deine Seele immer die Möglichkeit besteht, die Zeitlinie zu wechseln, wenn etwas in deiner Realität so unerträglich für dich ist, dass du den tiefen Wunsch verspürst, in einer anderen Realität aufzuwachen, in der die Zeit anders verlaufen wäre.

Wir wissen, wie gesagt, dass dieses Konzept schwer greifbar ist, denn dies bedeutet nicht, dass die andere Realität nicht existiert und es sie nie gegeben hat, sondern in Wahrheit sind es die multidimensionalen Facetten deiner Seele, die sich alle gleichzeitig in all diesen verschiedenen Inkarnationen mit den verschiedenen Möglichkeiten durchs Leben bewegen.

Wie wechselt man nun bewusst die Zeitlinie?

Die Zeitlinie zu wechseln, ist nicht etwas, was wir dir einfach so aus Spaß oder zum Entertainment empfehlen – denn es kann ernsthafte und nachhaltige Konsequenzen nach sich ziehen.

Du solltest dich also, bevor du dich mit diesem Thema auseinandersetzt, wirklich fragen, welche Teile deiner momentanen Realität du in deiner neuen Realität nicht verlieren möchtest.

Wenn du zum Beispiel glücklich verheiratet bist, möchtest du deine Frau vielleicht nicht verlieren oder deine Kinder. Und daher empfehlen wir dir, das Zeitlinienwechseln, wie gesagt, nicht einfach nur zum Spaß durchzuführen – denn oft ist es für dich als Mensch noch nicht möglich, alle Konsequenzen eines Zeitlinienwechsels zu überblicken. Denn jede Kleinigkeit, die anders ist, kann große Veränderungen nach sich ziehen.

Was wir dir doch als Möglichkeit offenbaren möchten, ist zum Beispiel, eine Verletzung oder eine Krankheit ungeschehen zu machen. Wir bitten dich, dich einfach mal auf dieses Konzept einzulassen, ohne es von vornherein als

Unmöglichkeit abzulehnen, und laden dich ein, dir dazu die folgende Meditation anzuhören:

Meditation *Zeitlinien wechseln*

Du findest sie hier: sarahcartsburg.de/zeitlinie

Was bringt dir das Zeitlinienwechseln, unabhängig davon, schmerzhafte Erlebnisse »ungeschehen« zu machen?

Was hat es mit deinem jetzigen Leben zu tun?

Es geht darum, dass du begreifst, dass es sehr viele parallele Leben und Varianten deines jetzigen Lebens gibt, die du in anderen Dimensionen durchaus auch gerade auslebst – und dass deshalb manchmal Seelenwünsche von dir in einer anderen Realität vielleicht schon in Erfüllung gegangen sind.

Dadurch, dass du gerade sehr viele Erfahrungen gleichzeitig sammelst – in ganz vielen Dimensionen und Realitäten –, bestimmte Erfahrungen, Erkenntnisse und Dinge, die du gemeistert hast, stehen dir all diese Erfahrungen/Erkenntnisse/Fähigkeiten auch im Hier und Jetzt zur Verfügung.

Mach dir nochmal bewusst, welche Botschaften du empfangen hast während der Meditation *Zeitlinien wechseln* oder während du dieses Kapitel gelesen hast. Falls du nichts empfangen hast, vertrau darauf, dass die Botschaft sich dir in den nächsten Tagen, Wochen oder Monaten intuitiv erschließen wird.

Nimm dir fest vor, dir die Botschaft deines Parallel-Ichs, die dir während der Meditation *Zeitlinien wechseln* übermittelt wurde, zu Herzen zu nehmen und in dein Leben im Hier und Jetzt zu integrieren.

Natürlich ist es theoretisch auch möglich, die Zeitlinie wirklich zu wechseln, insofern, dass du komplett in dieser anderen Realität aufwachst und dich nicht mehr an deine jetzige Inkarnation erinnerst – und mit deinem Bewusstsein in dieser anderen Zeitlinie lebst.

Jedoch möchten wir dich darauf hinweisen, dass sowieso alle diese Zeitlinien schon existent sind und von einem bewussten Teil von dir gerade genauso bewusst oder unbewusst erlebt werden wie dein jetziges Leben.

Denn dein multidimensionales Ich besteht aus so vielen Facetten und ist so viel größer, als du im Moment für möglich halten kannst, dass alle diese Parallel-Ebenen tatsächlich gleichzeitig existieren und du dich dadurch auf so viele Arten und Weisen gleichzeitig ausleben und verkörpern kannst.

Je mehr es dir gelingt, alle diese Parallel-Leben miteinander zu verknüpfen, zum Beispiel indem du die Meditation für die verschiedenen Zeitlinien regelmäßig wiederholst und immer wieder neue Leben entdeckst, desto mehr Fähigkeiten und Gaben werden sich auch in deinem jetzigen Leben entfalten.

Je mehr Dinge du begreifst, desto leichter werden sich die Dinge ganz von alleine erschließen – und du wirst begreifen, dass du nicht alles in einer einzigen Inkarnation »unterbringen« musst, wonach dein Herz sich sehnt – denn du hast so viele parallele Leben, dass du **wirklich alles erleben kannst**, wonach deine Seele sich sehnt.

Und wenn du einen bestimmten Entwicklungsschritt machst, zum Beispiel einen Teil deiner DNS aktivierst und deine Schwingungsfrequenz erhöhst, so kann sich dieser Entwicklungsschritt auch auf all deine parallelen Leben und Inkarnationen auswirken – und somit »euch« (= dein multidimensionales Ich) gemeinsam dienen.

Daher ist die Arbeit, die du hier tust, nämlich dass du deine DNS bzw. deine Sternenlicht-Codes Schritt für Schritt reaktivierst, indem du dieses Buch liest und die dazugehörigen Meditationen anhörst, von größerer Bedeutung, als dir vielleicht im Moment bewusst ist.

Denn all dies, was jetzt geschieht, wirkt sich auch auf deine parallelen Dimensionen, Leben und Inkarnationen aus.

Und in der nächsten Meditation möchten wir dich gerne in die Zeitlinie deiner idealen Zukunft führen, sodass du dich bereits mit deinem Zukunfts-Selbst verbinden und dadurch deine ideale Zukunft manifestieren kannst.

Diese Meditation heißt:

Manifestiere Deine Beste Zukunft

Du findest sie hier:
sarahcartsburg.de/manifestiere-deine-zukunft

KAPITEL 7

Deine Seelenaufgabe

Wir möchten heute die Wahrheit mit dir darüber teilen, warum du so bist, wie du bist. Was dich zu dem Menschen gemacht hat, der du bist. Wo deine Prägungen wirklich herkommen – und was diese mit deinem ganz einzigartigen Seelenweg zu tun haben.

Denn letztendlich ist es so, dass all deine Prägungen von deiner Seele bereits lange Zeit vor deiner jetzigen Inkarnation frei gewählt wurden (gegebenenfalls auch noch vor früheren Inkarnationen). Denn diese Seelenerfahrungen und diese Prägungen bieten die Basis für deine Entwicklung – und helfen dir, dich auf eine ganz bestimmte Art und Weise zu entwickeln, die für die Menschheit förderlich und unterstützend ist.

Du hast es dir zur Aufgabe gemacht, die Menschheit zu unterstützen in ihrem Lichtwerdungsprozess.

Dafür ist es wichtig, dass du bestimmte Prägungen bekommst, bestimmte Seelenerfahrungen machst, um wirklich zu verstehen, was die Menschen brauchen, für die du zuständig bist. Denn dadurch kannst du ihnen helfen, den Weg zurück ins Licht zu finden.

Wir wissen, dass diese Aufgabe sehr groß und sehr schwierig erscheinen kann – und das ist sie meistens auch.

Doch das heißt nicht, dass du nicht in der Lage dazu bist, all deine Talente, Gaben, Fähigkeiten und früheren Erlebnisse zu einer einzigartigen Mischung zu kombinieren, die genau denjenigen Seelen hilft, für die du deine Zuständigkeit erklärt hast.

Nehmen wir dieses Beispiel:

Du wurdest in deiner Kindheit missbraucht und hast dadurch ein tiefes Trauma bezüglich der Sexualität entwickelt.

Später hast du dann verschiedene Methoden ausprobiert – hast vielleicht mit aktiven Meditationen angefangen und zugleich noch, sagen wir mal, den Impuls gehabt, Akupunktur zu lernen oder Massagetherapeutin zu werden – und vielleicht später noch weitere Ausbildungen oder Therapie-Methoden hinzugefügt.

Dann hast du vielleicht ein heilendes Erlebnis / einen Durchbruch durch einen Tantra-Workshop gehabt und daraufhin beschlossen, Tantra-Lehrerin zu werden.

So kann es gut sein, dass deine Aufgabe darin besteht, Menschen zu helfen, die ein sexuelles Trauma erlebt haben, wieder Zugang zu ihrem Körper zu finden – **über die Methoden, die *dir geholfen* haben.**

Dies bedeutet, dass dein sexuelles Trauma nicht bedeutet, dass du ein Opfer* bist oder warst – sondern dass deine Seele sich diese Lebenserfahrung ganz bewusst ausgewählt hat, um dieses Erlebnis zu haben, um danach dieses Erlebnis heilen zu können, um dann wiederum anderen Menschen mit diesem Thema helfen zu können.

Jetzt fragst du dich sicherlich:

»Warum kann man denn nicht gleich das Ursprungserlebnis abschaffen, dann bräuchte niemand diese Heilung?«

Doch vergiss nicht, dass immer nur Licht tatsächlich auch mal irgendwann langweilig werden kann und dass die Wesen sich freiwillig entschieden haben, die Dunkelheit zu erleben, um etwas Neues auszuprobieren.

Und um auch das »Licht wieder mehr zu schätzen«, so wie ihr auf der Erde sagen würdet.

---

* Bitte verstehe, dass sich diese Aussage sehr radikal anhört, wenn du noch tief in einem Trauma drinsteckst. Dies soll keineswegs ein Freibrief für Täter sein, die anderen Menschen (sexuelle) Gewalt antun, sondern lediglich eine andere Perspektive bieten. Solltest du aktuell Opfer von Gewalt jeglicher Art sein, rate ich dir dringend, dir professionelle Hilfe zu suchen. Denn zusätzlich zum Ändern der Perspektive ist es auch wichtig, sich aus der Gewalt-Situation auf physischer Ebene zu befreien. Wenn nötig, mit Hilfe von außen.
Es hilft niemandem, wenn du dich »stark genug« fühlst, um so etwas alleine durchzustehen – die Zeit, in der wir alles alleine schaffen mussten, ist vorbei. Deshalb: Bitte hole dir Hilfe, wenn du in einer Gewalt-Situation jeglicher Art steckst.

(Wir wissen, das klingt für dich als Mensch, der du die Dunkelheit nur allzu gut kennst, nicht sehr logisch – ist es aber aus unserer Perspektive durchaus ☺.)

Das, was wir gerade genannt haben, war nur ein Beispiel dafür, wie sich deine verschiedenen Heilungserlebnisse, Lebenserfahrungen und Ausbildungen am »Ende« kombinieren werden, um etwas ganz Einzigartiges zu erschaffen. Und je mehr Lebenserfahrung du gesammelt, je mehr Workshops und Ausbildungen du gemacht hast, desto einzigartiger und außergewöhnlicher wird dein Angebot für die Welt sein.

Du wirst genau die Lichtseelen anziehen, denen du weiterhelfen kannst.

Deshalb braucht es auch so viele Lichtseelen, die jetzt als Lehrer/Heiler/Coach/spirituelle Leader etc. auf der Welt aktiv sind – denn die Menschen sind nur zu erreichen, wenn jemand zu ihnen spricht, mit dem sie sich selbst auch ein bisschen identifizieren können. Da Persönlichkeiten so unterschiedlich sind, gibt es so viele verschiedene Menschen, die wie du den Auftrag haben, das Licht zu verbreiten.

Denn du wirst mit deiner ganz individuellen Seelenresonanz und deiner ganz eigenen Geschichte deiner Vergangenheit (nicht nur in diesem, sondern auch in früheren Leben) bestimmte Arten von Seelen anziehen, die vielleicht ohne dich Schwierigkeiten hätten (oder deutlich länger brauchen würden), um den Weg ins Licht zurückzufinden.

Denn du kannst ihnen aufgrund deiner eigenen Erfahrungen und deiner Geschichte eine Abkürzung zeigen – und das ist dein Auftrag.

Deshalb geben wir dir heute als »Hausaufgabe« die folgenden Übungen mit:

Fertige eine Liste all der Ereignisse und Erlebnisse an, die du Trauma nennen würdest, die dich immer noch belasten oder die du schon geheilt hast.

Fertige eine zweite Liste all der Methoden an, die du bereits gelernt hast, die du auch weiterhin gerne praktizierst.

Jetzt fertige eine dritte Liste all deiner Gaben und Fähigkeiten an.

(Hinweis: Zu Gaben und Fähigkeiten gehören auch scheinbar »unnötige« oder scheinbar »nicht außergewöhnliche« Fähigkeiten, wie zum Beispiel, jemanden zum Lachen bringen oder gut zuhören zu können.)

Nimm dir Zeit für diese drei Listen – du kannst die Aufgabe gerne auf mehrere Tage aufteilen und auch deine Freunde befragen, welche Fähigkeiten und Gaben *sie* dir zuordnen würden. (Das kann sehr erhellend sein ☺.)

Wenn du künstlerisch veranlagt bist, darfst du die Listen auch malen oder zeichnen, statt Worte aufzuschreiben.

Wichtig ist, dass die Listen auf Papier sind, nicht digital!

Wenn alle drei Listen fertig sind:

Bevor du ins Bett gehst, lege diese drei Listen nebeneinander. Schau sie dir noch einmal im Detail an und dann bitte darum, in der Nacht oder in den nächsten Tagen eine Vision zu bekommen, eine Antwort darauf, wie du auf deine ganz eigene Art all diese Dinge kombinieren könntest.

Wenn ein Trauma dabei ist, das du gerne noch heilen möchtest, dann bitten wir dich darum, auch hierfür um Heilung und Lösung zu fragen – denn vielleicht ist es genau dieses Trauma, welches dich immer noch so schwer belastet, das dich genau zu der Heilungsmethode führen wird, die du am Ende weitergeben wirst.

Du siehst also, nichts geschieht zufällig, alles hat einen ganz bestimmten Grund – und es ist unsere Aufgabe, dich an diesen Grund zu erinnern.

Und es ist deine Aufgabe, deinen Lichtweg trotz aller – oder gerade wegen deiner – negativen Erfahrungen in diesem und früheren Leben zu begehen **und nicht davonzurennen**!

Du bist nicht der Typ, der vor diesen Dingen davonrennt, sonst hättest du es nie bis hierher ans Ende von Kapitel 7 geschafft. Das wissen wir mit großer Sicherheit ☺

KAPITEL 8

Die Wahrheit über Geld und Reichtum

Wir möchten mit dir über Reichtum sprechen – über finanziellen Überfluss, Manifestieren und ja, Geld.

Wir sind uns durchaus bewusst, dass Geld im Moment auf der Erde ein sehr kontroverses Thema ist und viele spirituelle Werke reden entweder gar nicht über Geld und materielle Bedürfnisse oder sie sprechen darüber auf sehr verquere Art und Weise. Nicht, dass es nicht auch gute Bücher und Lehrer zu diesem Thema gibt, das möchten wir damit nicht sagen.

Wir möchten in diesem Kapitel ein für alle Mal mit den Missverständnissen zum Thema Geld und Reichtum, die hier auf der Erde herrschen, aufräumen.

Dafür ist es wichtig zu verstehen, **dass deine Perspektive auf Geld und Reich-Sein** eine ganz individuelle Perspektive ist, die auf deiner Vergangenheit, deinem Zellgedächtnis, deinen früheren Leben und den Geschichten deiner Ahnen beruht – und **nicht mal ansatzweise die Wirklichkeit widerspiegelt –,** denn sie ist in Wirklichkeit einfach eine subjektive Empfindung.

Geld ist, so wie alles, was es auf der Erde gibt, Teil der Ur-Quelle und aus dem Ur-Licht erschaffen – ja, mit Hilfe von Menschen aus dem Ur-Licht erschaffen, aber es hat seinen Ursprung im Ur-Licht.

Die Ablehnung von Geld, die du möglicherweise spürst, hat viele Gründe und Faktoren. Einer der Gründe ist, dass Geld im momentanen Finanzsystem sehr, nennen wir es mal »seltsam« gebraucht (oder auch missbraucht) wird, um Menschen zu unterdrücken und die Natur auf egoistische Art und Weise zu zerstören. Und du bist wach genug, um diese Zusammenhänge zu begreifen, und so denkst du, dass die Wurzel des Übels das Geld ist.

Doch das entspricht nicht der Wahrheit.

Die Wurzel dieses Problems ist die Angst in den Herzen der Menschen.

Geld ist eine Form von Energie – und mit Geld hast du die Möglichkeit, dein Wirken auf der Erde zu verstärken. So absurd dies auch klingen mag, wir möchten es dir gerne erklären.

Doch bleiben wir für den Moment noch bei den verqueren Ursachen deiner Geld-Glaubensmuster.

Früher war es auf der Erde so, dass man als spiritueller Mensch kein Geld benötigt hat. Wenn du zum Beispiel als Priesterin in einem Tempel gearbeitet, Menschen geheilt hast, als Schamane oder als Orakel tätig warst, hat die Gemeinschaft sich um dein Wohlergehen und um dein physisches Wohlsein gekümmert. Du hattest ein Zuhause, ein Dach über dem Kopf und immer genug zu essen, Kleidung und was du sonst benötigt hast.

Dadurch ist in vielen von euch die Überzeugung verankert, dass man als spiritueller Mensch kein Geld benötigt – und dies war früher auch tatsächlich so. Doch die Zeit, in der wir momentan leben, hat sich gewandelt, und so gehört es nun auch für einen spirituellen Menschen dazu, zu lernen, Geld zu empfangen, Geld zu nutzen und im Geldfluss zu sein. Da Geld im Moment noch Teil eures Kollektivs ist, ist es vor allem wichtig, dass auch spirituelle Menschen lernen, auf gesunde Art und Weise mit Geld umzugehen, sodass sich neue Finanzmuster im Kollektiv der Menschheit und auf der Erde bilden können.

Natürlich ist Geld in der Form, wie es jetzt existiert, nur noch eine Übergangslösung und es ist nur eine Frage der Zeit, bis es von einem komplett neuen System abgelöst wird.

Das sehen viele von euch bereits vorher und daher verspüren manche von euch einen (verständlichen) Unwillen, sich im momentanen Finanzsystem zu bewegen.

Doch für die Zeit, in der wir jetzt noch leben, die Zeit des Übergangs, laden wir dich ein, zu lernen, einen neuen, lichtvolleren und positiveren Umgang mit Geld zu finden.

Wenn du dich an Kapitel 3 erinnerst, in dem wir dir vermittelt haben, dass du immer mit der Quelle verbunden und Teil der Ur-Kraft bist, dann steht es dir natürlicherweise auch frei, alles Geld zu empfangen, das du brauchst, um die Dinge in der Materie zu erschaffen oder zu bezahlen, die zu deinem Seelenauftrag, zu deinem Seelenweg, zu deinen Herzenswünschen gehören.

Egal, ob sie zehn Euro, zehn Millionen Euro oder hundert Milliarden Euro kosten.

Darum geht es nicht, denn das Geld ist nur eine Form der Ur-Lichtkraft und nicht leichter oder schwerer zu empfangen und zu erschaffen, als beispielsweise ein Apfel - auch wenn es dir im Moment noch nicht so erscheint.

Doch wenn man es genauer betrachtet, ist Geld eigentlich nur eine Zahl auf einem Papier - und nicht mal mehr auf einem Papier, sondern nur noch in einem virtuellen Raum.

Kannst du dir nicht einfach einmal die Zahl zehn Millionen vorstellen, also eine Eins mit sieben Nullen?

10.000.000

Wenn du dir eine Eins mit sieben Nullen vorstellen kannst, dann bist du auch in der Lage, zehn Millionen Euro zu empfangen und zu schaffen - allerdings nur dann, wenn es für deine Seele wirklich sinnvoll und nützlich ist.

Das Geld soll dich nicht ablenken von deinem Weg, sondern es soll dich dabei unterstützen, deinen Weg zu gehen - mit all deiner Lichtkraft - und die Menschen und Ressourcen zu bezahlen, die dich unterstützen, deinen Weg zu gehen.

Wir erleben immer wieder, dass ihr Menschen glaubt, Geld sei in irgendeiner Form begrenzt.

Je nachdem, was für eine Kindheit du erlebt hast, ist deine Geldgrenze bei einem anderen Limit - und wir finden es immer wieder erstaunlich, dass ihr diese Limits wirklich für die Realität haltet.

Denn wieso sollte irgendein Mensch ein anderes Limit haben als du, nur weil er scheinbar einen anderen Beruf hat, anders groß geworden ist oder einem anderen Elternhaus entstammt? Denn in Wahrheit ist jeder Mensch mit der gleichen Quelle verbunden wie du.

Der Millionär in deiner Stadt ist mit der gleichen Quelle verbunden wie du – mit dem Unterschied, dass sein Geldlimit auf einer höheren Stufe liegt als deins (außer du bist selbst schon Millionär).

Es geht hier nicht darum, unbegrenzt Reichtum zu schaffen, nur um des Geldes willen, sondern es geht darum, dass du dir bewusst machst, welche Vision du in deinem Herzen trägst – egal wie groß oder klein, egal wie finanziell aufwändig.

Sondern dass du dieser Vision Raum gibst, zu wachsen und stärker zu werden und du dich dann mit der Quelle, mit der Ur-Kraft verbindest und die Quelle bittest, dir all die finanziellen Ressourcen zur Verfügung zu stellen. Seien es nun Geld oder Kontakte oder was auch immer du brauchst, um diese Vision wahr werden zu lassen.

Denn wenn es nicht in deiner Möglichkeit stünde, diese Vision zu erschaffen, dann hättest du diese Vision nicht in deinem Herzen. Das können wir dir mit absoluter Sicherheit versichern.

Wir laden dich nun ein, die Vision zu spüren, die in der Tiefe deines Herzens schlummert. Vielleicht möchtest du diese Vision aufschreiben oder auch jemandem erzählen, der dir mit offenen Ohren lauscht. Und dann baue deinen Lichtkanal auf (nutze dazu gerne die Meditation aus diesem Buch), verbinde dich mit der Ur-Kraft und bitte die Ur-Quelle, dir jetzt alles zur Verfügung zu stellen, was du brauchst, um diese Vision wahr werden zu lassen. So einfach ist das.

Wenn du nicht weißt, welche Ressourcen du genau benötigst, dann wende dich einfach an die Quelle mit dem Satz:

»Ich weiß nicht genau, welche Ressourcen ich dazu benötige oder was es überhaupt benötigt, aber ich bitte dich, alles zur Verfügung zu stellen, was ich brauche, um diese Vision zu erschaffen.«

Wie gesagt, deine Vision dürfen auch scheinbar egoistische Wünsche sein, wenn sie tief aus deinem Herzen kommen.

Wichtig ist zu verstehen, dass es hierbei wirklich nicht nur um Geld geht, sondern um alle Ressourcen und Mittel, die du möglicherweise brauchst, um deine Visionen zu erfüllen, egal wie groß oder klein sie sein mögen.

Tipp: Meistens ist es für euch als Menschen leichter, sich etwas Spezifisches vorzustellen, was ihr dann auch bewusst erleben könnt, als einfach »nur« eine Geldsumme zu visualisieren.

KAPITEL 9

So manifestierst du alles, was du dir von ganzem Herzen wünschst

Egal, wie weit du schon gekommen bist auf deinem Weg, es gibt immer Neues zu lernen, neue Welten zu entdecken, Quantensprünge in deiner seelischen und materiellen/physischen Entwicklung zu machen.

Der Unterschied ist der, dass am Anfang Entwicklungsschritte oft schwierig oder langwierig erscheinen und du eine große Anstrengung aufwenden musst, um eine bestimmte Veränderung in deinem Leben zu erzeugen.

Doch je leichter, feinstofflicher und hochfrequenter du wirst, je mehr dein Körper seinen wahren Lichtkörper verkörpert, desto einfacher wird es, zu manifestieren und Veränderungen zu erzeugen – und natürlich auch zu erleben.

Das liegt daran, dass Dinge umso leichter Materie werden, je hochfrequenter du bist. Denn je höher deine Schwingungsfrequenz, desto schneller manifestieren sich deine Gedanken zur Realität.

Dies haben wir dir bereits in einem vorigen Kapitel erklärt – dass du auf einer niedrigeren Schwingungsfrequenz aus Selbstschutz über eine schwächere Manifestationskraft verfügst, als wenn du dich auf einer sehr hohen Schwingungsfrequenz befindest.

Wenn du Manifestieren in jeglicher Form lernen und beherrschen möchtest, geben wir dir deshalb den Tipp, dich vor allem auf deine Schwingungsfrequenz zu fokussieren. Also positiver und optimistischer zu werden, glücklicher durchs Leben zu gehen, denn dies »upgraded« sozusagen automatisch deine Manifestationsfähigkeiten.

Heute möchten wir dir ein paar mehr Details dazu geben, wie du nun ganz konkret mit deinem Womb-Space manifestieren kannst. Dein Womb-Space ist ein heiliger Raum, zu dem du – unabhängig davon, welches Geschlecht du hast in diesem Leben – immer Zugang hast.

In unserer Kultur wird der Womb-Space sehr missachtet – und seit Jahrtausenden wird das Wissen um den Womb-Space (zum Teil aktiv und zum Teil unbewusst) von der Menschheit ferngehalten – denn hier liegt deine wahre Ur-Kraft verborgen.

Dies ist unter anderem durch das patriarchalische System entstanden, denn Männer, die sich in einer niedrigen Schwingungsfrequenz* befinden, haben tatsächlich große

* Damit ist nicht gemeint, dass Männer grundsätzlich in einer niedrigeren Schwingungsfrequenz sind als Frauen – das eine hat mit dem anderen gar nichts zu tun. Es geht hier nur um die Männer, die in einer niederen Frequenz sind oder waren.

Angst vor der Kraft, die in diesem heiligen Raum liegt, zu der vor allem Frauen einen natürlicheren Zugang haben.

Dies ist auch mit ein Grund, warum Frauen eine so hohe Attraktivität für Männer haben. Denn Frauen haben meist einen natürlichen Zugang zu diesem Womb-Space und viele Männer suchen unbewusst diesen Zugang über die Verbindung mit einer Frau, da sie hier leichter Zugang finden können zu dieser Kraft – wenn die Frau diesen Zugang hat – als in sich selbst. Außer, der Mann hat bestimmte Entwicklungsschritte durchlaufen und weiß selbst, wie er sich direkt mit diesem Womb-Space verbinden kann.

Doch geht es an dieser Stelle nicht um die Geschichte der Menschheit, sondern darum, wie du deinen Womb-Space wieder aktivieren und die Verbindung zu ihm wiederentdecken kannst.

Von der Geschichte her ist es nur noch wichtig zu begreifen, dass dich die Prägungen der Gesellschaft, dass dein Menstruationszyklus etwas Negatives ist und dass dein Aussehen, ein schlanker Bauch und eine schlanke Linie dem Schönheitsideal entsprechen, dich auch in die Richtung prägen, dass du deinen Womb-Space mehr und mehr missachtest.

Denn wenn du deinen Bauch anschaust und befühlst, geht es dir nicht mehr um die Kraft, die darin steckt, sondern du verknüpfst damit Leid. Menstruationsschmerzen, nicht zu funktionieren in der männlich dominierten Welt oder auch einfach das Gefühl, hässlich zu sein, weil du nicht dem Schönheitsideal entsprichst.

All dies entfernt dich von der Kraft in deinem Womb-Space. Deshalb laden wir dich ein, zunächst zu beginnen, dich auf feinstofflicher Ebene wieder mit deinem Bauch und deinem Womb-Space zu verbinden, um hier den Kraftkanal wiederaufzubauen und dich zurückzuerinnern.

Der Womb-Space wird in vielen Kulturen auch als dein Hara-Zentrum bezeichnet. Es hat einen Grund, warum in den meisten fernöstlichen Kulturen gesagt wird, dass in der Nähe deines Bauchnabels dein wahres Kraftzentrum liegt, denn hier ist die Verbindung zur Ur-Schöpferkraft der Quelle am stärksten.

Hier tritt diese Energie in dich hinein, hier bist du mit dieser Energie verbunden und von hier aus kannst du diese Energie lenken – in deinen Körper, um zum Beispiel Gesundheit und physisches Wohlbefinden zu erzeugen,* und auch in die Welt um dich herum oder in den Partner, mit dem du dich beim Sex verbindest – weshalb in vielen Kulturen die sexuelle Verbindung auch als etwas Heiliges gegolten hat / gilt.

Die alten Tantra- und Tao-Praktiken aus dem fernen Osten haben dieses Wissen über die Jahrtausende bewahrt, auch wenn es heute fälschlicherweise einen schlechten Ruf hat, da es zum Teil missbraucht wird.

So führen diese Praktiken und Methoden in ihrem Ur-Kern doch stets in das Heilige und Mystische, was dir helfen kann, dich als Mensch mit deinem wahren Kraftzentrum zu verbinden und diese Kraft zum Wohle der Menschheit einzusetzen.

---

* Diese Aussage ersetzt natürlich keinen Besuch beim Arzt, sondern spiegelt lediglich die persönliche Meinung der Autorin wieder.

Hier liegt auch das Geheimnis von Langlebigkeit – denn je mehr Ur-Kraft du empfangen und durch dich fließen lassen kannst, desto lebendiger wirkst du – ganz unabhängig von deinem Alter. Der Womb-Space ist etwas, das sich dir nicht durch Theorie erschließen wird, denn dafür ist er viel zu mystisch.

Daher möchten wir zwei Meditationen mit dir teilen, um dich mit deinem Womb-Space zu verbinden. Die Meditationen heißen:

Dein heiliges Schöpfungs-Zentrum und
Botschaft vom Womb-Space

Du findest beide gratis hier: sarahcartsburg.de/buch

Botschaft vom Womb-Space – bitte lies dir diese Botschaft selbst laut vor, damit die Kraft dieser Worte auf Zellebene in dir ankommt.

»Ich bin dein heiliger Womb-Space und ich möchte heute zu dir sprechen, denn ich habe eine wichtige Botschaft für dich.

In mir ist deine wahre Kraftquelle verborgen und es liegt an dir, den Mut zu finden, mich zu reaktivieren. Ich bin immer da für dich und ich warte geduldig darauf, dass du endlich zu mir zurückkehrst, dass du dich an unsere heilige Verbindung erinnerst, dass du dich erinnerst, wer du bist, dass du dich aus der Illusion befreist, von den äußeren Dingen in deinem Leben abhängig zu sein.

Denn ich versorge dich immer mit allem, was du wirklich brauchst. Ich bin deine wahre Kraftquelle.

Ich bin dein Zentrum.

Ich bin deine Verbindung zur Ur-Quelle.

Ich bin reines Licht und wahre Schöpfungskraft, heilige Schöpfungsmacht.

Und es ist an der Zeit, dass du dich an unsere heilige Verbindung erinnerst und zu mir zurückkehrst.

So habe ich dich gerufen und du hast den Ruf gehört. Indem du diese Worte liest oder hörst und die dazugehörige Meditation anhörst, die ich für dich erschaffen habe, wirst du dich Schritt für Schritt an unsere heilige Verbindung zurückerinnern. Dann stehen dir wieder dein volles Seelenpotenzial und alle Möglichkeiten dieser Erde, dieser Welt, deiner Seele zur Verfügung.

Dann kannst du dich bewusst mit dem Licht verbinden und klar erkennen, wo Manipulation und Dunkelheit herrschen und was aus Lichtfrequenzen besteht, denn in der Verbindung mit dieser wahren Ur-Quelle bist du unbesiegbar, unendlich stark und grenzenlos.

Hier hast du eine automatische Verbindung zum Quantenfeld aller Möglichkeiten, denn der heilige Womb-Space ist quasi die Basis der ganzen Quantentheorie, auch wenn noch nicht alle Quantenphysiker dieses Konzept in seiner Tiefe verstanden haben. Denn dieser heilige Kraftraum lässt sich nicht mit dem Verstand erfassen, sondern nur durch Erfahrung, Verbindung, Vertrauen und Erinnerung.

Wenn diese Verbindung einmal aufgebaut wurde, dann hast du die Gabe, sie mit den Menschen um dich herum zu teilen. Dies geschieht auf einer subtilen, unbewussten Ebene, ohne dass du darüber zu sprechen brauchst. Denn die Menschen in deiner Umgebung werden spüren, dass etwas an dir anders ist, irgendwie stärker, leuchtender, deine Aura wird präsenter und strahlender, deine Präsenz wird stärker. Auch wenn die Menschen um dich herum dies vielleicht nicht bewusst begreifen, so werden sie sich doch automatisch zu dir hingezogen fühlen, da du eine neue Art von Licht ausstrahlst, die sehr attraktiv wirkt.

Doch im Gegensatz zu früher, wo du vielleicht anfällig warst für Energieräuber, wenn du zu sehr geleuchtet hast, nährt sich diese Ur-Kraft aus sich selbst heraus und geht nicht einfach verloren, sie verpufft nicht in den luftleeren Raum, sondern du kannst dann strahlen und diese Verbindung verkörpern, ohne dass andere sie dir durch ihre Aufmerksamkeit wegnehmen können, denn dafür ist unsere Verbindung zu stark.

Nun kannst du ein leuchtendes, lebendiges Vorbild sein für andere, die dadurch vielleicht inspiriert werden, selbst diese Verbindung zu ihrer wahren Ur-Quelle zu reaktivieren und sich daran zu erinnern.

Wir bitten dich jedoch, nicht zum dogmatischen Apostel zu werden, der jedem und allem über deine neue Erleuchtungserfahrung mit dem heiligen Womb-Space berichtet, außer es fühlt sich stimmig für dich an und erscheint passend in einer gegebenen Situation, doch ansonsten bitten wir dich, andere nicht zu belehren, sondern sie ihren eigenen Weg gehen zu lassen.

Wenn sie sich an dich wenden, um Hilfe bitten und dich fragen, was du gemacht hast, was dich verändert hat, so kannst du natürlich gerne deine Möglichkeiten, deine Erfahrungen und dieses Buch mit ihnen teilen.

Doch wenn sie nicht danach fragen, dann gehe achtsam mit diesen Informationen um, denn ist es auch wichtig für dich, dass du die Grenzen der anderen wahrst. Noch nicht jeder ist bereit für diese Verbindung. Wie bereits angesprochen, haben viele Menschen Angst vor dieser Kraft.

Und es geht nicht darum, die Angst zu schönen oder Verzweiflung zu stärken, deshalb teile deine Erlebnisse mit denjenigen, die offen dafür sind, und ansonsten genieße sie einfach im Stillen für dich selbst.«

Hinweise zur Womb-Space-Meditation:

Wir laden dich ein, diese Meditation zur Verbindung mit deinem Womb-Space, der Ur-Quelle, deinem wahren Kraftzentrum, so oft zu wiederholen, bis du eine wirklich starke Verbindung spürst – und auch immer dann zu wiederholen, wenn du etwas Konkretes manifestieren, also erschaffen/erleben möchtest, was du dir von ganzem Herzen wünschst.

Denn diese Meditation trägt die Kraft und das Potenzial in sich, dich mit der wahren Schöpferkraft deiner Seele zu verbinden – und dadurch deine Manifestationskraft auf einer ganz anderen Ebene zu spüren, einer Ebene, die unabhängiger ist von weltlichen, scheinbaren Möglichkeiten.

Diese Meditation kann unabhängig davon, ob du Mann oder Frau bist, jung oder alt, und ob du noch eine Gebärmutter hast oder nicht, durchgeführt werden.

Denn es geht um einen energetischen Raum, zu dem jeder von uns Zugang hat.

Wenn du dich dabei ertappst, dass du diese Meditation vor dir herschiebst und einfach nicht dazu kommst, sie anzuhören, *gerade dann* laden wir dich ein, sie dir bewusst anzuhören – denn diese Ur-Kraft macht vielen von uns Angst.

Dies hat mit Prägungen unserer vergangenen Leben und unserer Gesellschaft zu tun. **Es ist an der Zeit, uns zurückzuerinnern an unsere wahre Kraftquelle.** Denn dadurch sind wir unabhängig von den Versprechungen der äußeren Welt, von den Verlockungen der Werbeindustrie, von den Manipulationen der Medien und von den Erwartungen anderer an uns.

In Verbindung mit dieser Ur-Kraft bist du frei – du bist frei, deiner Seele zuzuhören.

Du bist frei, weil du deine wahre Kraftquelle kennst und Energie nicht mehr bewusst (oder unbewusst) von anderen Menschen, Dingen oder Erlebnissen beziehen musst.

Dadurch bist du immer mit deiner **wahren Energie- und Kraftquelle** verbunden – und das macht unabhängig, stark und frei.

KAPITEL 10

Umgang mit deinen Emotionen und Heilung deiner Traumata

Heute geht es um deine Emotionen. Emotionen prägen dein Leben als Mensch in großem Maße.

Wir wissen, dass es dir schwerfällt, dir eine andere Daseinsform vorzustellen, da du dich im Moment nur als Mensch mit all deinen Emotionen, all deinen emotionalen Hochs und Tiefs, Aufs und Abs und Wellenbewegungen erlebst und kennst.

Doch dies ist nicht der Standardzustand im Universum, sondern es gibt viele Spezies, bei denen Emotionen einen ganz anderen Stellenwert haben als bei euch Menschen, sie kaum – oder auch gar nicht – vorhanden sind. Oder aber anders erlebt werden und auch bewusster gesteuert werden von der jeweiligen Seele.

Ihr als Menschen seid (im Moment zumindest noch) sehr abhängig von euren Emotionen. Ihr tut alles dafür, um glücklich zu sein und nahezu genauso viel, wenn nicht sogar noch mehr, um zu vermeiden, unglücklich zu sein und zu leiden. Ihr lasst euch bei nahezu allen Entscheidungen von euren Emotionen leiten.

Es gibt einige wenige Ausnahmen an Menschen, die mehr verbunden sind mit ihren emotionsloseren Sternenheimaten – und diese Menschen werden von euch oft als Menschen mit dem Asperger-Syndrom* bezeichnet.

Wir sprechen von der Form des Asperger-Syndroms mit Insel- oder Hochbegabung, bei der der Mentalkörper sehr ausgeprägt ist und der Emotionalkörper nicht so stark entwickelt. Wir wissen, dass es sehr viele Formen des Autismus gibt, und dies soll in keiner Art und Weise eine Beleidigung oder Herabstufung in irgendeiner Form für diese Menschen sein. Sondern wir nutzen dieses Beispiel, um dir zu erklären, wie es ist, als nicht so emotionsgesteuertes Wesen die Welt zu betrachten. Und da die meisten von euch noch nicht mit Außerirdischen oder andersdimensionalen Wesen kommunizieren können, nehmen wir das Beispiel des Asperger-Syndroms, da dies vielen von euch bekannt ist.

So ist es also so, dass ihr als Menschen den Großteil eurer Entscheidungen von eurem Emotionalkörper aus trefft. Ja, es gibt Ausnahmen und es gibt Menschen, die ihre Entscheidungen aus dem Verstand treffen. Doch in der Mehrzahl aller Fälle geschieht dies nicht aus dem Grund heraus, dass diese Menschen einen besseren Zugang zu ihrem höheren Bewusstsein haben. Sondern weil sie so große Angst davor

---

* Diese Aussage spiegelt lediglich eine Perspektive auf die Wahrheit wider. Sicherlich gibt es auch bei Menschen mit dem Asperger-Syndrom große Unterschiede und nicht auf alle davon trifft diese Aussage zu.

haben, mit ihrem Emotionalkörper Fehlentscheidungen zu treffen, dass sie beschlossen haben (in diesem oder einem früheren Leben), sich ausschließlich auf ihren Verstand und ihren Intellekt zu verlassen.

Das Problem daran, dass ihr euch bei nahezu allen Entscheidungen von eurem Emotionalkörper leiten lasst, ist, dass der Emotionalkörper bei den meisten von euch negativ geprägt wurde durch Erfahrungen, die ihr in früheren Leben oder in der Kindheit gesammelt habt.

Diese Prägungen sind in eurem Emotionalkörper so stark abgespeichert, dass sie immer noch so präsent sind, als wäre das vergangene Ereignis nicht vergangen, sondern als wäre es immer noch existent, da eure Zellen diese Erfahrungen nicht vergessen haben. Dies führt dazu, dass ihr viele Entscheidungen aus einem vergangenen Bewusstseinszustand heraus trefft, der eigentlich längst vorbei wäre – und so bleibt ihr immer weiter gefangen in sich immer wiederholenden Zyklen, wo sich nichts bis wenig ändert.

Dies wurde in der asiatischen Kultur oft auch als Karma bezeichnet und beschreibt im Endeffekt einfach nur die Wiederholungen, die du dir selbst mit deinem eigenen Bewusstsein erzeugst, weil du vergangene Erlebnisse reproduzierst. Denn da du ein schöpferisches Wesen bist, reproduzierst du, wenn du mit deinem Emotionalkörper deine Realität erschaffst, einfach deine vergangenen Emotionen nochmal. Und so geschieht, wie bereits gesagt, nicht viel Neues.

Doch wie kommt man nun aus diesen alten emotionalen Verhaltensmustern raus?

Wie durchbricht man diese Muster?

Wie kann man es schaffen, neue Muster zu entwickeln und Neues zu erleben?

Der Menschheit wurden dafür viele Methoden zur Verfügung gestellt, die in unterschiedlichen Kulturen unterschiedlich angewandt werden. Eine Methode ist z.B. der kulturelle Trance-Tanz oder auch das Bewusstseinserweitern mit psychoaktiven Substanzen wie Ayahuasca, Magic Mushrooms und vielen anderen Pflanzen, die es rund um die Welt verstreut gibt.

Dies soll jedoch keine Empfehlung sein, diese Substanzen zu dir nehmen zu müssen! Das ist eine sehr individuelle Entscheidung und hängt von vielen Faktoren ab. Diese Substanzen waren in der Vergangenheit von größerer Bedeutung, als sie es heute sind.

Denn in der Vergangenheit waren die Schleier zwischen den Welten sehr viel dichter und es war deshalb relativ schwer, aus deinem Alltagsbewusstsein auszubrechen und anders-dimensionale Zustände zu erleben – außer, du hast von Kind an trainiert, deinen Bewusstseinszustand zu erweitern oder warst zum Beispiel als Schamane berufen.

Doch jetzt sind die Schleier zwischen den Dimensionen so feinstofflich geworden, dass es nicht mehr erforderlich ist, Substanzen zu nehmen, um andere Bewusstseinszustände zu erleben und andere Seinszustände zu begreifen. Es ist durchaus mit »einfacheren« Methoden wie Atemtechniken, Fasten, bestimmten Meditationstechniken, Trance-Tanz und vielem mehr möglich, Zugang zu diesen anderen

Bewusstseinszuständen zu bekommen und dadurch einen anderen Seinszustand zu erleben.

Doch das Geheimnis liegt immer noch darin, diesen anderen Seinszustand nicht nur einmalig zu erleben und dann wieder in deinen Alltag zurückzukehren, sondern ihn mit in deinen Alltag hineinzunehmen.

Aus diesem Grund haben wir auch die Meditationen kreiert, die in diesem Buch enthalten sind.

Es ist wichtig alte emotionale Muster zu durchbrechen.

Denn nur, wenn du es schaffst, alte emotionale Muster und Abhängigkeiten von anderen Menschen und Wesen zu durchbrechen, wirst du emotional so frei werden, dass du wirklich zum Schöpfer deiner Realität werden kannst, anstatt immer nur das Gleiche zu wiederholen.

Denn du bist immer Schöpfer deiner Realität – entscheidend ist, ob du dir bewusst die Realität erschaffen kannst, die du haben möchtest, oder ob du einfach nur eine Wiederholungsschleife deiner bereits vergangenen Realität erschaffst.

Aus deinen emotionalen Mustern auszubrechen, ist eine der wichtigsten Sachen, die du als Mensch jetzt hier als Aufgabe hast – und es ist auch die Basis dafür, dass dein Lichtkörper-Aktivierungsprozess wirklich harmonisch und auf angenehme Art und Weise verlaufen kann. Denn wenn du noch zu sehr in deinen alten emotionalen Mustern gefangen bist, dann wirst du dich entweder erst gar nicht einlassen können auf den Lichtkörper-Aktivierungsprozess (und dich selbst unterbewusst oder auch bewusst sabotieren) und dir

Steine in den Weg legen, oder du wirst während dieses Prozesses sehr unangenehme Emotionen durchlaufen müssen.

Dies soll nicht heißen, dass der Lichtkörper-Aktivierungsprozess für jeden immer unangenehm ist.

Der Lichtkörper-Aktivierungsprozess wirft alle alten Emotionen auf, die noch in dir und unaufgelöst sind. Er bringt alle alten Ängste, Vertrauensbrüche und Abhängigkeiten ans Licht, damit du diese jetzt endlich ein für alle Mal auflöst und beendest. Doch die Intensität dessen, wie viele alte Erfahrungen während diesem Aktivierungsprozess bei dir an die Oberfläche gespült werden, hängt eben davon ab, wie viele deiner alten Inkarnationserfahrungen du schon aufgelöst, geheilt und zurück in die Harmonie gebracht hast.

Dementsprechend wird der Lichtkörper-Aktivierungsprozess auch schneller vonstattengehen oder länger dauern. Denn es ist immer nur eine bestimmte Menge an Emotionen möglich, die du wieder erlebst, um sie dann aufzulösen, denn sonst wären du und dein System völlig überfordert.

Was kannst du also tun, wenn du während des Lesens oder Hörens dieses Buches in – nennen wir es mal so ☺ – emotionalere Dramen stürzt?

Zuerst möchten wir dich darauf hinweisen, dass dies, ehrlich gesagt, etwas völlig Normales ist und es eine große Wahrscheinlichkeit gibt, dass dir genau dies passiert.

Hoch ist auch die Wahrscheinlichkeit, dass du deine Emotionen in diesem Fall auf jemanden oder etwas projizierst, also die Schuld für diese Emotionen jemand anderem zuschiebst.

Zum Beispiel diesem Buch, Sarah, deinem Partner, deinen Eltern oder irgendeinem Menschen oder einer Situation in deiner Umgebung.

Anstatt selbst die Verantwortung dafür zu übernehmen und zu erkennen, dass einfach etwas in dir durch diesen Prozess, den du gerade durch das Lesen (und Hören) dieses Buches und dieser Meditationen durchläufst, an die Oberfläche gespült wurde, etwas Positives ist.

Denn dadurch, dass es an die Oberfläche gespült wurde, kannst du es auflösen und heilen. **Und genau darum geht es jetzt: Dass du all deine alten Emotionen anerkennst und harmonisch auflöst und heilst, damit du frei davon bist.**

Damit meinen wir nicht, dass du nie wieder Gefühle haben sollst.

Gefühle machen dich als Menschen ja gerade auch aus. Vielmehr geht es darum, dass du unabhängig bist von alten Gefühlen und mehr Freiheit hast bei den Gefühlen, die du erleben und erschaffen möchtest.

Denn solange ihr als Menschheit von Angst und alten Emotionen getrieben seid, werdet ihr den Aufstieg in die 5. Dimension vermutlich nicht schaffen – denn in der 5. Dimension zu leben, und zwar dauerhaft, ist nur in reinem Bewusstsein, das primär auf Liebe und Frieden beruht, möglich.

Um dort als Menschheit gemeinsam zu leben, in diesem Bewusstsein der 5. Dimension, müsst ihr es schaffen, gemeinsam ein kollektives Feld von Liebe und Frieden zu erleben.

Die gute Nachricht ist: Wenn der Großteil der Menschheit dies erreicht hat, dann wird dieses Feld stark genug sein, um auch die Menschen abzuholen, die sich nicht selbstständig trauen, sich mit ihren Themen auseinanderzusetzen.

Es muss also nicht jeder einzelne diesen Prozess jetzt schon bewusst durchlaufen, damit ein Leben in der 5. Dimension für euch als Menschheit möglich ist. Doch da du dieses Buch liest (oder hörst), gehörst du höchstwahrscheinlich zu den Menschen, die einen Teil der Verantwortung übernommen haben, um bewusst an dieser Auflösung mitzuarbeiten.

Wenn nun also Emotionen an die Oberfläche gespült werden, dann laden wir dich ein, zunächst anzunehmen, dass diese Emotionen etwas Positives sind. Denn sie zeigen dir, dass in dir drin noch ein ungeheilter Teil von dir ist, der zurück in die Harmonie kommen möchte. Und durch das Hochgespült-Werden dieser Emotionen hast du nun die Möglichkeit, diesen Teil bewusst wahrzunehmen, anzunehmen und ihn zurück in deine Seelen-Harmonie zu bringen.

Es gibt verschiedene Methoden, diesen Aspekt von dir zurück in die Seelen-Harmonie zu bringen – und es ist schwierig, alle diese Methoden in einem Buch mit dir zu teilen, da es hier eher um eine lebendige Transmission geht, die unmöglich vollständig in einem Buch vermittelt werden kann.

Deshalb möchten wir dich nochmal einladen, dir in diesem Fall eine Methode deiner Wahl zu suchen, die dir hilft, dich mit deinen Emotionen auf nachhaltig sinnvolle, schöne und heilsame Art und Weise auseinanderzusetzen.

Die Methoden, die hierfür funktionieren, sind von Mensch zu Mensch sehr verschieden. Wir geben dir hier einfach ein paar Beispiele und du kannst reinfühlen, welche der Methoden für dich die stimmigsten sind. Wenn du beginnst, diese Methoden auszuprobieren, dann möchten wir dich darauf hinweisen, dass du bitte, falls die erste Methode nicht gleich funktioniert, nicht aufgibst – denn vielleicht war der Lehrer nicht der richtige für dich oder die Methode die falsche für dich.

Doch es gibt für jeden von euch mindestens eine dieser Methoden, die garantiert funktioniert.

Beispiele von Methoden, um Harmonie in deinen Emotionalkörper durch bewusste Körper- und Bewusstseinsarbeit zu bringen, sind:

- Embodiment-Practices jeglicher Art, z.B. Tanzen, Conscious Dance, Ecstatic Dance, 5 Rhythmen, Azul, Soul Motion und viele andere
- Atemtechniken, die in die Tiefe deiner Emotionen gehen, z.B. transformatives Atmen, holotropes Atmen, Licht-Atmung und viele weitere
- Reinkarnationstherapie
- bestimmte Meditationstechniken, die dir helfen, Dinge aufzulösen
- die Meditation »Karmische und energetische Verstrickungen auflösen« aus *Aktiviere Deine Superkräfte*
- Innere-Kind-Arbeit

- Journaling in Kombination mit bewusster Körperarbeit und Bewegung
- Chakra-Arbeit
- und viele andere mehr …

Wenn du eine Methode findest, die für dich gut funktioniert, oder auf der Suche nach einer Methode bist, dann empfehlen wir dir folgendes Vorgehen:

1. Sprich deine Intention laut oder leise aus, dass du vom Universum zu der Methode und dem Lehrer oder der Lehrerin geführt wirst, die für dich am allerbesten funktionieren kann.
2. Höre auf deine Impulse, damit du die Botschaft, welche Methode für dich die beste ist, auch wirklich empfangen kannst.
3. Probiere die Methode aus – besuche ein Retreat oder mach einen Kurs bei diesem Lehrer.

Achte darauf, dass es möglichst eine Methode ist, die alle deine vier Körper-Ebenen abdeckt.* Denn nur wenn du mit einer Systematik arbeitest (dafür kannst du auch verschiedene Methoden kombinieren), die alle deine vier Körper mit

* Zu den 4 Körpern gibt es im Glossar weitere Ausführungen– also deinen emotionalen, mentalen, spirituellen und physischen Körper.

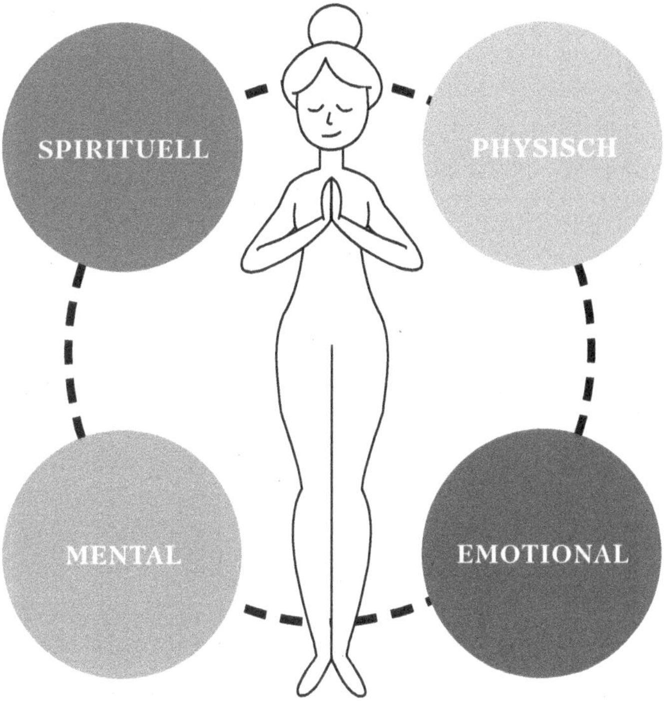

einbezieht, wird die Heilung wirklich ganzheitlich auf allen Ebenen geschehen.

Es gibt durchaus einige Methoden, die entwickelt wurden im Laufe der letzten Jahrzehnte, die nur einen Teil deiner Körper miteinbeziehen und somit nicht ganz vollständig sind.

Wir möchten dich auch darauf hinweisen, dass es meistens effektiver ist, wenn du dich bewusst mit deinen Themen auseinandersetzt und nicht z.B. zu einem Heiler gehst und erwartest, dass dieser wahre Wunder bewirkt und all deine Probleme löst. Damit möchten wir nicht sagen, dass du dich nicht von Heilerinnen in deinem Prozess unterstützen lassen darfst – ganz im Gegenteil.

Es kann sehr unterstützend sein, Teile der Wiedererweckung deiner Seele abzugeben und dich in die Hände von erfahrenen Heilern und Therapeuten zu begeben. Doch trotz allem gibt es immer Themen, bei denen es wichtig ist, dass deine Seele die Heilung bewusst selbst erlebt.

Und für diese Themen ist es wichtig, dass du sie bewusst aktiv auflöst – z.B. mit den Methoden, die wir dir oben vorgestellt haben.

Denk immer daran, jeden kleinen Erfolg, den du mit diesen Methoden und dem Auflösen hast, zu feiern, und gib nicht auf, wenn es scheinbar unzählig viele Themen sind, die du auflösen willst.

Denn vergiss nicht: Dadurch, dass du jetzt dabei bist, mit deinem Bewusstsein und mit deinem Körper dauerhaft in die 5. Dimension einzutreten, löst sich sehr viel mehr auf als früher – und sehr viel schneller.

Dadurch, dass du vermutlich an irgendeinem Punkt die bewusste Entscheidung getroffen hast, dass du Teil des Lichtkörper-Aktivierungsprozesses der Menschheit und der Erde sein möchtest (sonst würdest du dieses Buch nicht in den Händen halten), hast du sozusagen die Zustimmung gegeben, dass du auch diesen Prozess durchlaufen möchtest. Und dadurch hat deine Seele einen Entwicklungs-Turbo eingeschaltet, der dir nun hilft, alles möglichst schnell aufzulösen.

Das bedeutet: Kaum ist ein Thema aufgelöst, kommt oft schon das nächste und wir wissen, dass dies scheinbar unendlich scheint.

Doch dem ist nicht so.

Sei versichert, geliebtes Kind des Lichts, dass der Punkt kommen wird, wo so viele deiner Themen aufgelöst sein werden, dass du anfängst, einfach glücklich und frei zu sein und sich nur noch hin und wieder ein kleiner Rest zeigen wird. Bis irgendwann tatsächlich alle Themen deiner früheren Leben aufgelöst sind – und du mit deinem Lichtkörper voll und ganz in der 5. Dimension verankert sein kannst.

Was du tun kannst, wenn dir alles zu viel oder zu anstrengend wird

Wenn es dir zu viel wird, mit den ganzen emotionalen Themen, die an die Oberfläche kommen, um aufgelöst zu werden, so kannst du jederzeit beim Universum um eine Pause bitten – oder deine Lichthelfer bitten, dich beim Heilungsprozess zu unterstützen.

Achte darauf, wenn du um eine Pause bittest, dass du diese Pause zeitlich begrenzt, denn sonst wird dein Lichtkörper-Aktivierungsprozess gestoppt, bis du ihn wieder startest. Manchmal vergisst man dann, dass man sich eine Pause gewünscht hat und der Prozess kann dadurch Monate oder sogar Jahre stagnieren. Deshalb geben wir dir gleich den Tipp, von Anfang an die Pause zeitlich zu begrenzen.

Zum Beispiel, du merkst, du bist zu erschöpft von den ganzen Themen, die hochkommen, sprich dann einfach ein Gebet etwa in dieser Art:

»Liebes Hohes Selbst, liebes Universum, liebe Licht-Helfer, es ist mir gerade einfach zu viel. Bitte macht eine Pause mit meinem Entwicklungs-, Auflösungs-und Lichtkörper-Aktivierungsprozess für die kommenden 14 Tage und lasst mich in dieser Zeit einfach tiefe Erholung genießen.«

Du kannst dieses Gebet auch vollkommen umformulieren, sodass es in einer Art und Weise ist, die für dich und deine Seele stimmig ist.

Zum Abschluss dieses Kapitels möchten wir dir noch sagen, dass der Lichtkörper-Aktivierungsprozess und der Auflösungsprozess deiner alten Themen etwas sehr Individuelles sind und dass mit jedem Thema, das du auflöst, ein Teil deiner wahren Ur-Kraft zu dir zurückkehrt.

Mit jedem Anteil deines inneren Kindes, den du heilst und liebevoll annimmst, kommt ein Teil deiner vollständigen Seelenfrequenz zu dir zurück.

Mit jedem Trauma aus einem früheren Leben, das du auflöst, kommt ein Teil deiner wahren Ur-Kraft zurück.

So wirst du nach und nach vollständiger und geheilter. Jedes kleine Thema, das dir bewusst wird, ist ein großer Erfolg – denn das Bewusstwerden deiner Themen ist der erste wichtige Schritt.

Viele von euch hatten früher die Gewohnheit, ihre Themen einfach wegzudrücken, denn es ist in eurer Gesellschaft sehr verbreitet, Schmerzen jeglicher Art nicht zulassen zu wollen – sowohl emotionalen als auch physischen Schmerz. Und deshalb ist allein schon die Bewusstwerdung deiner Themen ein großer Schritt für dich. Denn missachtest du Themen wieder und wieder, werden sie stärker und intensiver wiederkommen, weil es der tiefe Wunsch deiner Seele ist, alte Themen und Wunden aufzulösen und zu harmonisieren, sodass du jetzt ganz geheilt sein und vollkommen in der 5. Dimension ankommen und dort leben und existieren kannst.

Damit deine Zellen vollständig in der Frequenz der 5. Dimension schwingen können, müssen sich alte Emotionen, die auf einer niederen Frequenz schwingen, aus deinem Zellgedächtnis lösen.

Wir bitten dich auch zu verstehen, dass du diesen Weg nicht alleine gehen musst – ganz im Gegenteil. Die Zeiten, in denen du alles alleine schaffen musstest, sind vorbei.

Wir bitten dich daher, dir wirklich einen Heiler, Therapeuten oder Lehrer zu suchen, mit dem du zusammenarbeiten kannst und der dir helfen kann, deine inneren Themen aufzulösen (oder mehrere Heiler, Therapeuten und Lehrerinnen).

Es geht nicht mehr darum, alles alleine zu schaffen.

Du darfst dir durchaus jede erdenkliche Hilfe und Unterstützung auf deinem Weg holen, doch dies entbindet dich nicht davon, deine Themen auch bewusst zu erleben und zu integrieren. Doch es kann mit der Unterstützung eines erfahrenen Heilers/Therapeuten/Lehrers oder Retreat-Leaders sehr viel einfacher sein, deine Themen zu re-integrieren. Und so kannst du deinen Entwicklungsprozess angenehmer machen und beschleunigen.

Wir bitten dich, bei der Auswahl der Seelen, mit denen du in deinem tiefen Entwicklungsprozess zusammenarbeiten und von denen du dir helfen lassen möchtest, wirklich zu 100 Prozent auf dein Herz und deine Intuition zu hören, denn nicht jeder Lehrer ist von seiner Frequenz her für jeden der richtige.

Das heißt, weil eine Freundin von dir gesagt hat: *»Der Lehrer oder der Therapeut ist ganz wundervoll ...«*, bedeutet das nicht, dass dieser Lehrer auch der richtige ***für dich*** ist. Entscheidend ist, ob deine Seele in Resonanz geht mit den Methoden und der Schwingungsfrequenz des jeweiligen Lehrers, Heilers oder Therapeuten. Und diese Resonanz kannst nur du spüren. Daher bitten wir dich, in deinem Herzen zu spüren, welcher Lehrer, Heiler oder Therapeut für dich am besten ist – wo du einfach ein gutes Bauchgefühl hast.

(Es ist durchaus häufig, bei deinem Heilungsprozess mit verschiedenen Lehrern, Therapeuten etc. zusammenzuarbeiten – du musst dich nicht auf eine Person beschränken.)

Wir bitten dich, darauf zu achten, wenn du die entsprechende(n) Person(en) auswählst, dass du nicht für immer nur mit dieser einen Person zusammenzuarbeiten brauchst – ganz im Gegenteil –, oftmals braucht es verschiedene Lehrer, Impulse und Heiler, um vollständige Heilung zu erlangen. Denn jeder bringt andere Impulse, andere Inkarnations-Erfahrungen und andere Frequenzen in seine Arbeit mit und lässt sie dort mit einfließen. **Doch achte darauf, dass die Menschen, von denen du dir helfen lässt, mit dem Licht verbunden sind und wirklich mit Lichtfrequenzen arbeiten und dich nicht zurücklotsen in die Dunkelheit.** Denn leider gibt es auch in der spirituellen Szene immer wieder dunkle Kräfte, die verschiedene Heiler und Therapeuten einspannen, um sie sozusagen »für sich arbeiten« zu lassen. Doch habe keine Angst – solange du deinem Bauchgefühl und deiner Intuition vertraust und darauf achtest, ob die Person, der Mensch, die Seele, von der du lernen möchtest, von innen heraus leuchtet, wirst du immer mit lichtvollen Menschen zusammengeführt werden.

Einen guten Heiler und Therapeuten erkennst du auch daran, dass er nicht die Verantwortung für dich übernimmt, sondern dir einen Weg zeigt – doch von dir erwartet, dass du diesen Weg selbst beschreitest und gehst, denn echte Heilung kommt von innen heraus – aus deiner Seele.

KAPITEL 11

Manifestiere deine beste Zukunft

Wir möchten dich daran erinnern, dass du bereits vollständig bist. Dass du perfekt bist, genau so wie du bist, dass du einzigartig bist in deiner ganz individuellen Seelenfrequenz.

Wir möchten dich daran erinnern, dass du wundervoll bist.

Es gibt nichts zu erreichen, kein Ziel zu erreichen.

Es geht darum, in deiner Mitte zu sein, verankert in deinem Hohen Selbst, verankert in deiner Seelenfrequenz, verankert in deinem Lichtkanal.

Und durch diese Verankerung wird dein Seelenweg sich ganz automatisch vor dir zeigen, zu dir kommen, Teil deines Lebens sein. Durch diese Verankerung hast du alle Kraft, alle Ressourcen, alle Tools, alle physischen Dinge, alle Kontakte, Verbindungen etc. – alles was du brauchst, um deine kosmische Aufgabe hier zu erfüllen.

Ihr Menschen vergesst oft eure Verbindung zur Quelle – und auch zu euch selbst, zu eurem wahren Lichtkern, zu eurem Hohen Selbst, weil ihr euch so sehr auf das Außen fokussiert. Auf das, was ihr scheinbar erreichen müsst, schaffen wollt, oder die Visionen, die ihr habt, die euch nach vorne ziehen. Doch es gibt verschiedene Perspektiven und Herangehensweisen an dieses Raum-Zeit-Konstrukt, das wir dir gerne näher erläutern wollen.

Wenn du eine Vision hast oder ein Gefühl, was du erreichen möchtest (oder wissen willst, was vielleicht deine Seelenaufgabe hier auf der Erde ist in diesem Leben), dann ist es für die meisten von euch so, dass dieses Ziel scheinbar außerhalb von euch zu sein scheint – außerhalb und in der Zukunft.

Und je nachdem, wie stark deine Verbindung zur Quelle ist und wie sehr dein Selbstwert in diesem oder früheren Leben gelitten hat, fühlst du dieses Ziel näher, realistischer, erreichbarer oder weiter weg. Vielleicht sogar unerreichbar, viel zu groß für dich, viel zu unmöglich, völlig unwahrscheinlich.

Die Wahrheit ist: Alles, was Teil deiner Wahrnehmung ist – seien es Dinge, die du in der physischen Welt siehst, wahrnimmst, hörst, erlebst, oder seien es Dinge, die du in deiner Gedankenwelt oder emotionalen Welt siehst, hörst oder erlebst – all dies ist Teil deines Bewusstseins.

Stell dir vor, du bist wie ein großes Land mit Gebirge, Gewässern, Meeren, Menschen, Pflanzen etc. Du stehst ganz oben auf dem höchsten Berg, auf der Spitze, im Zentrum dieses Landes. Und alles in diesem Land – deine Gedanken und deine Gefühle, alles, was du siehst, hörst, was dort existent ist – ist Teil deines Bewusstseins.

Das heißt, deine Visionen über das, was du in der Zukunft erreichen möchtest, sind bereits genauso Teil von dir wie das, was du physisch für deine Realität hältst.

Das bedeutet, dass deine Visionen, deine Träume nicht weniger real sind, als der Boden unter dir, den du anfassen und fühlen kannst.

Alles ist gleich wahrscheinlich, alles ist gleich existent. Als Menschen folgt ihr jedoch dem Glaubenskonstrukt, dass Dinge, die ihr in euren Gedanken und Gefühlen habt, nicht so real sind wie etwas Physisches – und Zeit etwas Lineares ist.

Doch in Wahrheit ist deine Vision bereits geschehen.

Der »Trick« oder das Geheimnis ist, so intensiv mit der Quanten-Zeitlinie, in der deine Herzens-Vision bereits wahr geworden ist, zu verschmelzen, dass es sich so anfühlt, als würdest du diese Vision, diesen Traum bereits leben.

Wir verstehen, dass dir dies Angst machen kann, denn vielleicht hast du Angst, Fehler zu machen auf dem Weg dorthin. Oder dass deine Vision die falsche ist, dass etwas anderes dein wahrer Seelenweg wäre. Und deshalb laden wir dich ein, dir selbst und deiner Seele und deinem Herzen zu vertrauen:

Was ist deine stärkste Herzens-Vision?

Es gibt viele verschiedene Möglichkeiten, Wege und Zeitlinien, die deine Seele gehen kann, und nicht alles ist bereits in Stein gemeißelt. Du hast durchaus eine große Freiheit in der Art und Weise, wie du deinen Seelenweg im Detail gestaltest. In den meisten Seelenwegen gibt es nur wenige Parameter, die bereits vorab fix geplant wurden, bei denen es so wichtig ist, dass deine Seele sie erlebt, die definitiv geschehen werden, egal, welche Entscheidungen du triffst.

Je nachdem, welche Entscheidungen du triffst, geschehen sie vielleicht etwas früher oder später, aber sie werden geschehen.

Genauso gibt es auch Dinge (sehr viele Dinge, Erlebnisse, Ereignisse und Möglichkeiten), die deine Seele nicht vorher geplant hat, die du hier in jedem Moment individuell neu wählen und neu entscheiden kannst.

Wir laden dich ein, deshalb in dich hineinzuspüren – in das, was dein Herz wirklich möchte, in das, wonach deine Seele sich von ganzem Herzen sehnt.

Und dann gib deinen Fokus in diese Vision, in diesen Herzenswunsch und verbinde dich mit der Vorstellung, dass dieser Herzenswunsch, diese Vision bereits Teil deines Bewusstseins ist.

Wenn wir wieder zu der Parabel mit dem Land zurückkommen, dann wäre es so, als wäre diese Vision bereits in deinem Land irgendwo existent. Und es geht jetzt nur darum, dein Bewusstsein auf diesen Ort auszurichten, sodass du mit deinem Fokus diesen Teil deines Bewusstseins wahrnehmen kannst. Und so wird diese Vision mehr und mehr zu dir heranrücken und mehr und mehr eins werden mit deiner Seele, mit deiner Wahrnehmung, mit deinem Bewusstsein.

Das Geheimnis ist also, dir deine Visionen und Träume nicht außerhalb von dir vorzustellen, wo sie unerreichbar sind, sondern dir bewusst zu machen, dass sie bereits Teil deines Bewusstseins sind.

Sie sind bereits Teil deines Lebens. Das Einzige, was dir bislang gefehlt hat, war der klare Fokus und der Glaube daran und das Vertrauen, dass diese Vision bereits in deinem Bewusstsein wahr geworden ist und es nur eine Frage der Zeit ist (die es ja gar nicht gibt), wann diese Vision, dieser Herzenstraum vollständig Teil deiner Wahrnehmung sein wird.

Und je mehr du es schaffst, den Fokus auf diese Vision zu lenken, je mehr du es schaffst, deine Energie hineinzulenken in deine Vision, darüber zu sprechen, sie zu visualisieren, sie zu fühlen, als wäre sie schon da, als würdest du sie bereits leben, desto schneller wird sie Teil deiner physischen Realität. Je intensiver du deinen Herzenswunsch als Realität fühlen kannst, desto schneller formieren sich die Quanten sozusagen, um diese Vision für dich erlebbar zu machen.

Höre dafür die Meditation, um dich mit deinem Hohen Selbst zu verbinden, noch einmal an. Die Meditation heißt:

Verbindung mit Deinem Hohen Selbst

Du findest sie hier: sarahcartsburg.de/buch

Wir laden dich ein, nachdem du die Meditation mit dem Hohen Selbst gemacht hast, jetzt hineinzuspüren, was deine Herzens-Vision ist.

Und dann stelle dir vor:

Wie würde es sich anfühlen, wenn du bereits mittendrin wärst in diesem gelebten Traum, in dieser gelebten Vision?

Wie wäre deine Körperhaltung? Wie wäre dein Selbstausdruck? Wie wäre dein Bewusstsein?

Wie wäre dein Glückslevel?

Wie würdest du dich fühlen und was würdest du tun?

Verbinde dich täglich mit diesen Gefühlen, dann wird dein Traum schneller wahr, als du es dir jemals hättest erträumen können.

Zur zusätzlichen Unterstützung empfehle ich dir die Meditation

Manifestiere Deine Beste Zukunft.

Du findest sie hier:
sarahcartsburg.de/manifestiere-deine-zukunft

KAPITEL 12

Initiation zur Aufnahme in den heiligen Licht-Kreis

Wir empfinden große Freude und nehmen dich heute in den Kreis der Lichtgeborenen wieder vollständig auf.

Dieses Aufnahmeritual ist ein heiliger Initiationsprozess, der nur denen zuteilwird, die sich mit ganzem Herzen dem Licht verschrieben haben. Die mit ihrer ganzen Seele dem Licht und sonst nichts und niemandem mehr dienen* möchten. Diejenigen, die viele Inkarnationen durchlaufen, gelernt und trainiert haben und nun hier angekommen sind an den Toren zum Tempel des Lichts.

Wir möchten dich aufnehmen in den Kreis der heiligen Lichtarbeiter, in den heiligen Zirkel, wo deine Lichtkräfte

---

* Das Wort »dienen« wird im deutschen Sprachraum oft mit negativen Emotionen assoziiert, ist aber in diesem Kontext so gemeint, dass es um eine freiwillige Entscheidung geht, wem oder was du deine Energie, Aufmerksamkeit und Schöpferkraft schenken möchtest.

stärker werden und sich mit den unseren verbünden, sodass wir noch mehr Licht auf der Erde erzeugen können.

Wenn du bereit bist diese Aufgabe und diese Position anzunehmen, dann sage jetzt laut: »Ja, ich bin bereit.«

Wenn du diese Aufgabe nicht annehmen möchtest, dann bitten wir dich, das Buch an dieser Stelle zuzuschlagen (oder das Hörbuch an dieser Stelle zu beenden), denn dann ist das kommende Kapitel nicht für dich.

Dir steht vollkommen frei, wie du dich entscheidest. Das Einzige, worum wir dich bitten, ist, bei der Entscheidung auf dein Herz zu lauschen.

Dein Herz weiß ganz genau, welcher Weg, welche Entscheidung jetzt die richtige für dich ist. Und da du bis hierher gelesen hast, gehen wir sehr davon aus, dass du die Entscheidung treffen wirst, Teil unseres Licht-Kreises sein zu wollen.

Was ist der heilige Licht-Kreis?

Der heilige Licht-Kreis ist ein Kollektiv von Lichtwesen – zum Teil inkarniert auf der Erde und zum Teil in den feinstofflichen Ebenen zu Hause – die sich gemeinsam dem Licht verschrieben haben, um Frieden und Licht auf die Erde zu bringen zur jetzigen Zeit.

Auch wenn du das Gefühl hast, schon Teil unseres Licht-Kreises zu sein und hier deinen Ursprung und dein wahres Zuhause zu haben, so bitten wir dich, trotzdem diesen erneuten Initiationsprozess zu durchlaufen. Denn er wird viele neue Tore und Türen der Wahrnehmung und der Verbindung, der Lichtmacht und der Lichtkraft in dir öffnen – denn es ist etwas anderes, ob du dich auf der Lichtebene entscheidest (vor deiner Inkarnation), Teil dieses Licht-Kreises zu sein, oder ob du nochmal als Mensch bewusst jetzt diese Entscheidung triffst.

Wir laden dich ein, den folgenden Teil der Initiation sowohl laut zu lesen als auch die Audioversion dieser Initiation anzuhören.

Du findest sie auf sarahcartsburg.de / buch mit Musik oder in der Hörbuchvariante dieses Buches (ohne Musik).

Solltest du die Hörbuchvariante dieses Buches besitzen, dann findest auch du diese Initiation zum Nachlesen auf sarahcartsburg.de/buch, denn wenn du diese Initiation laut liest, geschehen noch einmal wichtige Zellveränderungsprozesse auf einer anderen Ebene, als nur durchs Anhören der Initiation.

Deshalb bitten wir dich, beides zu tun, um diese Initiation wirklich in ihrer Tiefe zu erleben. (Also die Initiation dir selbst laut vorzulesen UND als Audiovision anzuhören.)

Initiation zur Aufnahme in den heiligen Licht-Kreis

Such dir einen ruhigen Ort, zünde eine Kerze an und achte darauf, während der gesamten Initiation ungestört zu sein. Dann lies die folgenden Worte laut:

»Stell dir vor, dass sich um dich herum ein heiliger Kreis aus Feuerflammen bildet. Dieser Kreis beschützt dich nun vor äußeren Einflüssen, während du diese Initiation durchläufst, und ist genauso groß oder klein, so stark oder hell, so lodernd oder sanft, wie es heute zum höchsten Wohle deiner Seele und des großen Ganzen ist.

Vertraue darauf, dass dieser Kreis gemeinsam mit deinen Lichthelfern dich jetzt sicher durch diese Initiation trägt.

Lege die Hände an dein Herz und atme tief ein und aus.

Mach dir bewusst, dass du reines Licht bist und dass nun ein heiliger Initiationsprozess begonnen hat.

Dieser Prozess wird deine DNS vollständig aktivieren und die Lichtspiralen in deiner DNS reaktivieren, die du im Laufe der Jahrtausende vergessen und bewusst oder unbewusst ausgeschaltet hast bzw. die dir ausgeschaltet worden sind.

Du musst nicht verstehen, was nun geschieht, denn der heilige Initiationsprozess ist nichts, was dein Verstand in seiner wahren Größe erfassen oder begreifen könnte.

Dies ist ein Prozess für deine Seele.

Stell dir die heilige Lichtspirale vor – vom Zentrum von Gaia über dein Basischakra in seiner höchsten Frequenz bewegt sich die Spirale nach oben über dein Sakralchakra, dein Solarplexuschakra, über dein Herzchakra, durch dein Halschakra über dein 3. Auge, dein Stirnchakra, über dein Kronenchakra und weiter hinauf zum Hohen Selbst und darüber hinaus.

Als würde diese Spirale bis ins Unendliche hinaufreichen, bis zur Quelle allen Seins.

Dann stell dir vor, wie du ganz klein wirst und auf einem Fahrzeug (oder Gefährt oder einem fliegenden Teppich, was auch immer dir in den Sinn kommt) beginnst, auf deiner ureigenen Lichtspirale, die zugleich deine heilige DNS-Lichtspirale ist, nach oben zu reisen, in dir selbst.

Reise mit deinem Lichtgefährt die Spirale nach oben. Es geht ganz leicht – durch all deine Chakras hindurch. Lass dir Zeit für diesen Weg.

Vielleicht kannst du spüren, wie du mit jedem Chakra, das du weiter nach oben reist, Zugang zu anderen Dimensionen erhältst.

Und wenn du beim Hohen Selbst angekommen bist, dann verschmelze vollständig – jetzt – mit deinem Hohen Selbst.

Spüre deine gesamte Lichtkraft.

Du wirst nun von einem großen, leuchtenden, strahlend hellen Drachenwesen abgeholt, das dich zum heiligen Licht-Tempel trägt.

Das Drachenwesen fliegt mit dir durch verschiedene Lichtdimensionen – immer höher und höher, weiter hinauf in den Kosmos, weiter Richtung Quelle, bis es vor den heiligen Toren des Licht-Tempels landet.

Die Hüter des Licht-Tempels warten bereits auf dich.

Du siehst, wie sich auch deine Kleidung verwandelt hat in ein Lichtgewand.

Die Hüter und Hüterinnen des Licht-Tempels schauen dir tief in deine Augen – bis in die Tiefe deiner Seele, und da sie dein reines Licht erkennen können, öffnen sie dir die Tore zum heiligen Licht-Tempel – JETZT.

Der heilige Licht-Tempel übertrifft all deine Erwartungen. Er ist so groß und strahlend hell und leuchtet in reinem Licht.

Dort siehst du bereits den Kreis aus Lichtwesen, die dich nun in ihrer Mitte aufnehmen möchten, die sich versammelt haben, um bei deinem Initiationsprozess dabei zu sein und dich zu unterstützen.

Sie laden dich ein, in die Mitte ihres Kreises zu treten, wo eine heilige Wasserschale auf dich wartet.

Du gehst (oder schwebst) zur Mitte und du kannst spüren, dass hier wirklich das Zentrum ist und ein unglaublich starker Licht-Vortex wirkt.

Dort, wo die Wasserschale ist, bist du ganz genau im Zentrum dieses Licht-Vortex und alle deine Zellen und dein gesamter Körper werden hier mit Lichtfrequenzen durchspült, gereinigt, erneuert – sodass du deiner Aufgabe gewachsen bist, mit diesen hohen Lichtfrequenzen auch umgehen und zum höchsten Wohle des großen Ganzen wirken zu können – JETZT.

Du legst deine Hände in die heilige Wasserschale und das Lichtwasser beginnt von dort aus, in dich hineinzufließen und alle Flüssigkeiten in deinem Körper sowie deine Nervenbahnen in reines Licht zu verwandeln – JETZT.

Du beobachtest, wie das Lichtwasser weiter in dich hineinfließt und dich von innen heraus verwandelt.

Das Wasser ist genau die perfekte Menge, die dein Körper jetzt benötigt, um diesen Verwandlungsprozess vollständig zu durchlaufen.

Sobald der Prozess abgeschlossen ist, ist die Schale leer und verschwindet, sodass du nun einfach in der Mitte des Licht-Vortex stehst.

Spüre deinen Lichtkörper, spüre die Kraft dieses heiligen Initiationsrituals, spüre, wie du nun vollständig von Licht ausgefüllt bist.

Die Lichtwesen um dich herum beginnen zu singen und zu tönen, um auch dein Halschakra mit Lichtfrequenzen aufzuladen, und so beginnt eine Verbindung zu entstehen zwischen deinem Licht-Halschakra und ihren Licht-Halschakras – und mit der heiligen Licht-Quelle, die sich durch all eure Halschakras ausdrückt –, individuell und gemeinsam für das Licht – JETZT.

Du spürst, wie auch dein Herzchakra sich weit geöffnet hat und deine Flügel strahlend hell leuchten und richtig groß geworden sind.

Du spürst tiefe Freude und Dankbarkeit, dass du jetzt Teil dieses heiligen Licht-Kreises sein darfst.

Lichtwesen aus dem ganzen Universum sind angereist, um deiner heiligen Licht-Initiation beizuwohnen und freuen sich mit dir, dass du den weiten Weg bis hierher zurückgefunden hast.

Spüre deine Lichtpräsenz. Der Licht-Vortex mit dir in der Mitte beginnt nun abzuheben und sich mit dir drin wirbelnd zu bewegen und dich zurückzutragen durch alle Dimensionen hindurch zu deinem Hohen Selbst und zurück in deinen physischen

Körper, in dieser Zeit, in diesem Raum, in der 5. Dimension.

Der Licht-Vortex bringt dich mit deinem neuen Lichtkörper ganz hierher in deinen physischen Körper und bleibt jetzt aufrechterhalten, bis dein neuer Lichtkörper, deine neuen Lichtkräfte vollständig mit deinem physischen Körper verschmolzen sind, sodass dir diese Lichtkräfte nun auch hier in der Materie zur Verfügung stehen.

Spüre die Verbindung über dein Halschakra, über dein Hohes Selbst und über dein Herz mit deinen Lichtgeschwistern, mit deinem Licht-Kreis, während du dich hier ganz verankerst in und mit deinem neuen Lichtkörper in deiner ganzen Lichtpräsenz.

Dieser Verschmelzungsprozess kann mehrere Wochen oder sogar Monate, in wenigen Ausnahmefällen sogar Jahre dauern und wir bitten dich, dir während dieses Verschmelzungsprozesses so viel Zeit und Raum wie möglich für dich, deinen Körper und deine Seele zu nehmen, um diesen Verschmelzungsprozess möglichst sanft und angenehm zu gestalten.

Mach dich auf große Veränderungen in deinem Leben und in deinem Körper gefasst, denn du bist jetzt reines Licht. Du bist jetzt Teil des heiligen Licht-Kreises – und solange du dem Licht dienst und bei allem, was du tust, immer abgleichst und hineinspürst, ob es etwas Lichtvolles ist und dem Licht und dem höchsten Wohle des großen Ganzen dient, so lange wird dich das Licht mit allem unterstützen, was du benötigst, um deine Lichtaufgabe mit Leichtigkeit und Freude und Anmut mit offenem Herzen zu erfüllen.

Du bekommst alles, was du jetzt dafür benötigst.

Es fließt dir einfach zu, es wird magnetisch von deinem Lichtkörper angezogen – seien es Menschen, Dinge oder Orte, materielle oder immaterielle Dinge. Dies bezieht sich auch auf Verhaltensweisen, die zu ändern dir schwergefallen war, gesunde Gewohnheiten und alles Weitere, was nun nicht mehr zu deinem alten Ich passt, das nicht Teil deines neuen Lichtkörper-Seins ist.

Vertrau darauf, dass sich nun alles Schritt für Schritt auflösen wird, was dich daran hindert, deinen wahren Seelen-Lichtweg zu gehen – JETZT –, auf ideale Art und Weise zum perfekten Zeitpunkt – so oder besser sei es – JETZT.

Die Inititation ist jetzt beendet.«

Es ist wichtig, dir nach diesem Prozess wirklich Zeit und Raum für dich selbst zu gönnen – nicht nur heute, sondern auch über die nächsten Wochen und Monate.

Dieser Prozess ist unglaublich intensiv und kann mit deinem Verstand nicht mal ansatzweise erfasst werden. Es wirkt simpel, als hättest du nur ein paar Worte gelesen oder gehört, aber in Wahrheit hat deine Seele heute mit diesem Prozess einen Dimensionswechsel gemacht.

Du bist eingetreten in die heilige Lichtdimension, du hast dich rückverbunden mit deiner heiligen Lichtseelenqualität und mit deiner wahren Aufgabe, deinem wahren Auftrag, hier als kosmischer Lichtmensch auf der Erde zu wirken, zu sein und zum höchsten Wohle des Lichts beizutragen.

Wir danken dir, dass du dich entschieden hast, diesen großen Schritt zu gehen und können es kaum erwarten, deine Veränderungsprozesse zu bestaunen.

Wenn dir die Veränderungsprozesse, die in nächster Zeit geschehen werden, zu intensiv sind oder zu langsam oder zu schwierig erscheinen, so kannst du uns jederzeit um Hilfe bitten.

Wir, die wir dein Licht-Kollektiv sind, haben diesen Prozess schon vor dir durchlaufen und wissen deshalb genau, was du gerade durchmachst und erlebst, und wir stehen dir jederzeit gerne helfend zur Seite, um dich zu unterstützen.

Das Schöne ist, dass Hilfe auf diesen Lichtebenen nicht mehr an physische Gesetzmäßigkeiten gebunden ist und immer und überall in jeder nur erdenklichen Form und Möglichkeit zur Verfügung steht, auch dir jetzt. Doch du wirst die Kraft deiner neuen Lichtkräfte sicherlich noch entdecken in der nächsten Zeit.

Um uns um Hilfe zu bitten, stell dir einfach vor, wie du dich über dein Herz mit uns verbindest. Sprich mit uns, wie mit einem guten Freund, einer guten Freundin – denn

das sind wir für dich –, und berichte uns, wo und wie du dir konkret Hilfe wünscht.

Und dann tun wir alles, was in unserer Lichtmacht steht, um dir zu helfen. Wir danken dir und freuen uns mit dir, dass du den Weg zurückgefunden hast.

Die Lichtwesen
Ende von Band 1

NACHWORT

Zu guter Letzt habe ich eine große Bitte an dich: Als Autorin ist es für mich superwichtig, gute Rezensionen von meinen Lesern (= DU) auf Amazon & Co zu bekommen und an die richtigen Leser weiterempfohlen zu werden.

Da dieses Buch ein großes Meditations-Bonus-Paket enthält, das für dich inklusive ist, mache ich mit diesem Buch so gut wie keinen Gewinn.

Ich habe es wirklich von ganzem Herzen geschrieben/gechannelt, um mehr Licht auf die Erde zu bringen.

Daher würde es mir wahnsinnig viel bedeuten, wenn du mir eine positive Bewertung auf Amazon (oder einer anderen Plattform) **hinterlässt und dieses Buch weiterempfiehlst, damit es all die Seelen erreicht, für die es geschrieben wurde.**

DANKE, DANKE, DANKE!

Als Dankeschön für deine Bewertung bekommst du von mir außerdem eine **zusätzliche Bonus-Meditation, die zum letzten Kapitel gehört und deine Aktivierung »abrundet«, geschenkt ☺.**

Schicke dafür einfach einen Screenshot deiner Bewertung an sarah.sternen.code@gmail.com

Dann senden wir dir sofort deine Bonus-Meditation *Abschlussmeditation zur Aktivierung Deiner Sternenlicht-Codes*

Du nutzt kein Amazon/Online-Shop?

Wenn du das Buch im Buchladen gekauft hast und Online-Shops wie Amazon aus Prinzip meidest, kannst du stattdessen gerne ein Foto mit dir und dem Buch auf deinem Social Media Kanal (Facebook, Instagram etc.) posten und mir einen Screenshot davon statt der Bewertung schicken an sarah-sternen-code@gmail.com

Dann senden wir dir sofort deine Bonus-Meditation *Abschlussmeditation zur Aktivierung Deiner Sternenlicht-Codes* zu.

1000 Dank für deine Unterstützung – sie bedeutet mir unglaublich viel!

DANK

Ich bedanke mich bei meinem Mann Ingolf – Danke, dass du mich immer unterstützt hast, egal, wie verrückt meine Ideen klangen. Danke, dass ich mich bei dir so sicher und unendlich geliebt fühlen kann. Du bist der beste Mann für mich, den ich mir hätte wünschen können.

Danke, Mama – dafür, dass du mich immer unterstützt hast und mich nie gedrängt hast, einen konventionellen Weg zu gehen. Danke, dass du mir immer vermittelt hast, beruflich zu tun, was einem Freude bringt. Danke, dass du immer an mich geglaubt hast – wer weiß, ob es dieses Buch sonst heute geben würde. Und danke für die zahllosen Tage, an denen du auf unsere Kinder aufgepasst hast (sodass ich unter anderem dieses Buch schreiben konnte ☺).

Danke, Ava Minatti – dafür, dass du mir geholfen hast, meinen Channel-Kanal erneut zu öffnen und mich an so vieles zu erinnern.

Danke, Gisela Niederhoff – du warst in dieser Inkarnation der erste Mensch, der die Erinnerungen an meine wahre Herkunft in mir reaktiviert und mir einen Lösungsweg gezeigt hat.

Ich bedanke mich bei Engel Michael – danke, dass du mich immer beschützt hast, wenn ich mich schwach gefühlt und/oder dich darum gebeten habe.

Danke, Susi – für alles.

Danke, Carola, dass du mir geholfen hast, mich mit der Kraft in meinem Womb-Space wieder zu verbinden – und mir eine Freundin warst/bist, als ich mir dringend eine Seelenverwandte gewünscht habe.

Danke, Nord-Indien – dafür, dass du Erinnerungen in mir wachgerufen und mich in früheren Leben in einem Tempel hast ausbilden lassen.

Danke, Lama Chewang, Asu Chewang und alle Bewohner meines geheimen Lieblingsdorfes in Nepal – danke, dass ihr mir gezeigt habt, dass das Paradies auf Erden möglich ist.

Danke, Stefan – hättest du nicht auf meinen Sohn aufgepasst, hätte ich die Ausbildung bei Ava vielleicht nie gemacht – und hätte dieses Buch jetzt nicht channeln können.

Danke an meinen MP3-Player – hätte ich dieses Buch schreiben statt diktieren müssen, ich wäre wahnsinnig geworden ☺.

Danke an Tanmaya und Suta – ihr habt mir geholfen, einen großen Teil von mir wiederzufinden.

Danke an mein Team, dass ihr mir den Rücken freigehalten habt, sodass ich fast acht Wochen ohne Unterbrechung wirklich in die Tiefe gehen und dieses Buch fertigstellen konnte.

Danke an das Team vom Hidden Paradise – ihr habt mir die Basis geschenkt, dieses Buch an diesem magischen Kraftort noch tiefer werden zu lassen.

Danke an mein Zuhause – hier habe ich mich sicher genug gefühlt, um mich wirklich voll in der Tiefe auf dieses verrückte Projekt einzulassen.

Danke, Sophia, für deine Guidance und deinen Support.

Danke an meinen Verstand für die nötige Klarheit, dieses Projekt nicht nur als Fantasie zu spinnen, sondern wirklich umzusetzen.

Danke an all die Menschen, Seelen und Ereignisse, dir mir geholfen haben, ganz in meine Kraft zu kommen und meine Berufung zu erkennen und anzunehmen.

Danke an meine Kanalhüterin, du bist die beste für diese Aufgabe, die ich mir hätte wünschen können ☺.

Danke, Kaia Ra – du und der Sophia Code seid genau zur richtigen Zeit in mein Leben getreten. Du warst mein Vorbild, wenn ich an diesem Projekt gezweifelt habe.

Danke, Metatron – ich fühle mich geehrt, von dir ausgebildet zu werden.

Danke an alle Lichthelfer, die mich täglich unterstützen, sodass mein Leben leichter und schöner ist und ich immer auf meinem Lichtweg bleiben kann.

Danke an alle Leser (und Hörer) dieses Buches für euer Vertrauen – ohne den Wunsch eurer Seelen, euch zu erinnern, wäre dieses Buch vielleicht nie entstanden und zu euch gekommen.

Danke an die Lichtwesen, die mich für dieses Projekt »ausgewählt« haben – ich weiß euer Vertrauen in mich sehr zu schätzen –, es war/ist mir eine große Ehre und Freude, eure hohen Lichtfrequenzen und Botschaften in eine Form zu bringen, die die Herzen der Menschen erreichen kann.

Danke an meinen Körper – wer weiß, ob dieses Buch ohne den Bandscheibenvorfall, den du mir »geschenkt« hast, überhaupt existieren würde ☺.

Danke an Hathor – du hast mich an die wahre Macht meiner Worte erinnert.

Danke an Victoria Benz – deine schamanischen Sitzungen haben mir oft den entscheidenden »Feinschliff« gegeben, um noch lichtvollere und hochfrequentere Energien channeln zu können und meine Angst vor dunklen Wesen endlich ganz abzulegen.

Danke an das gesamte Team vom Goldmann Verlag – mit eurer Hilfe ist das Buch noch sooooo viel besser geworden.

Danke an Amara Pagano und das Tanzen – ihr habt mir geholfen zu verstehen, dass ich ALLES, was ich brauche, im Hier und Jetzt in meinem Zuhause haben kann.

Danke, danke, danke an mein Hohes Selbst – dass du mich nie im Stich gelassen hast und notfalls so laut wurdest, bis ich dich nicht mehr ignorieren konnte. Danke!

Danke an Mutter Erde – du bist ein wundervoller Planet und ich bin froh, für einige Leben auf dir sein zu dürfen.

Danke an die Kristallbibliotheken von Sirius – ich liebe es, in euch zu sein und mich mit all diesem magischen Wissen zu verbinden und mich zu erinnern.

Danke an meine Kinder – einfach, weil ihr wundervoll seid.

Danke an alle, die dieses Buch weiterempfohlen haben (oder es noch tun) – egal, ob an eine Seele oder an Hunderte –, dank eurer Unterstützung können die Botschaften dieses Buches all die Seelen erreichen, für die es gechannelt wurde.

Und natürlich einen Riesen-Dank an DICH – für dein Vertrauen in mich, dieses Buch bis zum allerletzten Wort zu lesen und dafür, dass du ein unglaubliches Lichtwesen bist, dass seine Aufgabe hier wichtig nimmt.

HILFREICHE RESSOURCEN

Alle Meditationen zu den einzelnen Kapiteln, die Teil des Buch-Bonuspaketes sind, findest du hier:

sarahcartsburg.de/buch-bonuspaket

Ergänzende Meditationen zum Buch findest du hier:

sarahcartsburg.de/buchpaket-2

Wenn du mehr über deine Chakras erfahren möchtest, empfehle ich dir den Chakra-Workshop

Wie du die Landkarte deiner Seele und deines Körpers richtig deutest & deine Schwingungsfrequenz erhöhst:
sarahcartsburg.de/chakra-kurs-workshop

Wenn du deine Chakras upgraden möchtest, nimm teil am Kurs

***Licht-Chakra-Portal-Aktivierungs-Prozess*:**
sarahcartsburg.de / chakra-lichtportale

Um Sarah persönlich zu treffen und eine LIVE Aktivierung deiner Licht-DNS zu erleben, besuche:
sarahcartsburg.de/events

Eine tolle Ergänzung zu diesem Buch ist der ***Lichtkörper-Aktivierungs-Prozess***. Du findest ihn hier:

sarahcartsburg.de/lichtkoerper-aktivierung

Möchtest du hinter die Kulissen meiner Arbeit schauen und beim Entstehungsprozess dieses Buches »live« dabei sein? Denn es gibt ja weder Zeit noch Raum ☺.

Dann abonniere meinen Podcast und/oder meinen YouTube-Kanal und höre dir die Folgen vom April und Mai 2024 an.

In diesen Folgen teile ich die Wahrheit mit dir, was beim Channeln dieses Buches wirklich geschehen ist und wie es sich anfühlt, so eng mit den Lichtwesen zusammenzuarbeiten.

sarahcartsburg.de/podcast
youtube.com/@SarahJasminCartsburg

Mehr über ***Aktiviere Deine Superkräfte*** erfährst du auf:

aktivieredeinesuperkraefte.de

Mehr Meditationen von Sarah (z.B. die Meditation *Kosmische Bibliotheken*) kannst du in der ***MeditationsBücherei*** hier finden:

sarahcartsburg.de/meditationsbuecherei

Lass dich regelmäßig von mir inspirieren:

Schreiben ist wirklich das, was ich am liebsten tue. Deshalb bekommst du die allerbesten Inspirationen von mir in meinem Newsletter.

Abonniere ihn hier:

sarahcartsburg.de/newsletter

Weitere Inspirationen teile ich mit dir hier:

Sarahs YouTube-Kanal:

youtube.com/channel/@sarahcartsburg
Sarahs Instagram: @sarahcartsburg

Sarahs Podcast auf iTunes:

podcasts.apple.com/de/podcast/
sarah-jasmin-cartsburg-show/id1509622357

Sarahs Blog:

sarahcartsburg.com/blog

Sarahs Podcast auf Spotify:

open.spotify.com/show/1fMc0Hw0KPZmfJzHPZ1Et2

Bitte teile dieses Buch und diese Ressourcen mit allen Menschen, die dir am Herzen liegen. Danke für deine Unterstützung.

Wir wünschen dir alles Gute für deinen Lichtweg,
Deine Sarah & die Lichtwesen

GLOSSAR

Für viele Wörter in diesem Glossar könnten Dutzende unterschiedlicher Erklärungen gefunden werden. Wir haben uns daher entschieden, für dieses Glossar die Beschreibungen zu wählen, die am besten erklären, wie die Wörter im Kontext dieses Buches verwendet werden.

Multidimensionales Medium (S. 9): Als Medium bezeichnet man Menschen, die in der Lage sind, mit Wesen aus anderen Dimensionen zu kommunizieren und ihre Botschaften zu übermitteln. Das Attribut »multidimensional« beschreibt in diesem Kontext die Fähigkeit eines Mediums, mit Wesen aus unterschiedlichen Dimensionen kommunzieren zu können.

Lichtwesen: Zu Lichtwesen zählen alle Wesen, egal ob physisch inkarniert oder feinstofflich, die weit entwickelt sind und »für das Licht arbeiten«.

Channeln (S. 15, 16): Ist die Fähigkeit eines Mediums, die Botschaften, die es empfängt, in eine menschliche Sprache zu übersetzen und anderen Menschen mitzuteilen.

Metatron (S. 29, 90): Ein Lichtwesen, das besonders spezialisiert ist auf Heilige Geometrie.

Gaia (S. 44): Bezeichnet die »Seele« von Mutter Erde - vs. »nur« den physischen Planeten Erde.

Zirbeldrüse (S. 92): Eine wichtige Drüse, die mit den spirituellen Fähigkeiten der Menschen verknüpft ist und bei den meisten Menschen heute schwächer ist, also sie es früher war. Der »physische« Lokalisations-Ort deines 3. Auges.

Hohes Selbst (S. 49 ff.): Der Teil von dir, der vollkommen perfekt ist, alles weiß und alles kann. Deutlich größer als dein physischer Köper und bei den meisten Menschen in Vergessenheit geraten. Wenn du in Verbindung mit deinem Hohen Selbst bist, kannst du jederzeit wichtige Botschaften für dich und dein Leben empfangen. Höre dazu auch die Meditation »Verbindung mit deinem Hohen Selbst« aus dem Buch-Bonuspaket.

Emotionalkörper (S. 50): Der feinstoffliche/unsichtbare Köper, in dem alle deine Emotionen gespeichert sind.

Mentalkörper (S. 50): Der feinstoffliche/unsichtbare Köper, in dem alle deine Gedanken gespeichert sind und dein Verstand zu Hause ist.

Mudra (S. 51): Eine spezielle Finger- und/oder Handhaltung, um den Energiefluss im Köper anzuregen.

Womb-Space (S. 57): Womb-Raum oder Womb-Space (wortwörtlich übersetzt »Gebärmutter-Raum«) ist ein Wort, das den heiligen, unendlichen Schöpfungsraum bezeichnet, für den es nicht wirklich passende Worte und Beschreibungen gibt hier in dieser dreidimensionalen Realitätsebene.

Kosmische Bibliotheken (S. 67 in der Fußnote): Hier ist die »wahre Geschichte« unseres Planeten gespeichert, zusätzlich zu vielen anderen interessanten Informationen. Eine Meditation, um in die Komische Bibliotheken zu »reisen« und dich selbst zu erinnern, findest du hier:
sarahcartsburg.de/meditationsbuecherei

Hellsinne (S. 91): Der Überbegriff, um übersinnliche Wahrnehmungsfähigkeiten aller Art zu beschreiben. Dazu gehören: Hellsehen, Hellriechen, Hellschmecken, Hellhören, Hellfühlen.

Hellfühlen: wird oft als Hochsensibilität bezeichnet, ist aber in Wahrheit eine übersinnliche Gabe.

Erinnerungsspeicher (S. 103): Erinnerungsspeicher – übergeordneter Begriff für all die »Orte« (in und außerhalb von dir), wo Erinnerungen gespeichert sein können bzw. der Versuch, das multidimensionale Konstrukt zu beschreiben, wo alle Erinnerungen gespeichert sind. Nicht zu verwechseln mit der Akasha-Chronik – diese ist nur ein Erinnerungsspeicher von unzählig vielen verschiedenen.

Akasha-Chronik: Der wohl bekannteste »Erinnerungsspeicher« der Menschheit– ein toller Ort, um mehr über die eigene Seelenaufgabe zu erfahren. Eine Meditation, um selbst Zugang zur Akasha-Chronik zu bekommen, findest du hier: sarahcartsburg.de/meditationsbuecherei

Tantra (S. 132): Altüberlieferte, spirituelle Praktiken aus dem fernöstlichen Kulturkreis, die dazu dienen sollen, mit dem Universum zu verschmelzen und so die Erleuchtung zu erlangen. In unserem Kulturkreis denkt man beim Wort Tantra oft an Sex, obwohl das sogenannte »Rote Tantra«, das Sex beinhaltet, nur eine Form des Tantra ist – es gibt noch viele andere Formen und Praktiken, die keinen Sex beinhalten.

Hara-Zentrum (S. 132): Eine andere kulturelle Bezeichnung für den Womb-Space.

Tao (S. 132): Der Taoismus (oder Daoismus) ist die zweite große Geistesströmung des chinesischen Denkens. Das Wort »Taoismus« kommt von »Tao« (Dao) und bedeutet »Weg« und »Vernunft« zugleich.(Quelle: https://relilex.de/taoismus-philosophie/)

Energieräuber (S. 135): Bezeichnet in diesem Kontext, alles, was dir Energie raubt, dich schwächt und müde macht. Dazu kann alles gehören, von Social Media, über negative Nachrichten bis zu Menschen, die dir nicht guttun.

Asperger-Syndrom (S. 140): Das Asperger-Syndrom ist eine Form von Autismus. Menschen mit Asperger-Syndrom haben Schwierigkeiten in der sozialen Kommunikation und Interaktion sowie andere typische Merkmale von Autismus. Sie haben aber keine Verzögerung der Sprachentwicklung, und ihre Intelligenz ist durchschnittlich bis überdurchschnittlich hoch. (Quelle: https://autismus-kultur.de/asperger/)

Ayahuasca (S. 142): Eine Pflanzenmischung aus dem Amazonas, die oft im kulturellen schamanistischen Kontext benutzt wird, um einen erweiterten Bewusstseinszustand zu erzeugen.

Magic Mushrooms (S. 142): Pilze mit einer psychedelischen, bewusstseinserweiternden Wirkung, die Psylocibin enthalten. Früher primär im schamanistischen Kontext benutzt, heute oft als Partydroge missbraucht.

Quanten-Zeitlinie (S. 159): Dieses Konzept ist zu multidimensional, um es mit menschlichen Worten zu erklären. Man kann es nur selbst erleben. Höre dazu die Meditation *Zeitlinien Wechseln*. Du findest sie hier: sarahcartsburg.de/zeitlinie

Sirilia (S. 180): Ein Lichtwesen vom Stern Sirius, besonders bekannt für ihr Wissen zum Lichtkörperaktivierungsprozess. Eine Meditation mit Sirilia zum Lichtkörper findest du hier: sarahcartsburg.de/lichtkoerper-aktivierung

Hathor (S. 180): Ein Lichtwesen, das sich besonders gut mit Dimensionssprüngen und Quanten-Zeitlinien auskennt.